总主编 伍 江 副总主编 雷星晖

马万经 杨晓光 著

公交专用道信号优先控制理论研究

Research on Signal Priority Control Theory of Bus Lane

内 容 提 要

基于对公交优先需求与信号优先理论研究成果的分析和总结,本书从客观存在的实际现象和理论问题入手,以形成具有可操作性的控制策略和方法为目的,对公交专用道信号优先控制理论进行深入研究,以期能够促进公交优先理论的完善,并推动理论成果的转化与实际应用。本书可供交通信息工程及控制相关专业人员参考阅读。

图书在版编目(CIP)数据

公交专用道信号优先控制理论研究 / 马万经,杨晓光著. —上海:同济大学出版社,2021.5
(同济博士论丛 / 伍江总主编)
ISBN 978-7-5608-9740-0

Ⅰ.①公… Ⅱ.①马… ②杨… Ⅲ.①公共汽车－交通信号－自动控制－研究 Ⅳ.①U491.5

中国版本图书馆 CIP 数据核字(2021)第 083469 号

公交专用道信号优先控制理论研究

马万经　杨晓光　著
出 品 人　华春荣　　责任编辑　熊磊丽　　特约编辑　张先晖
责任校对　谢卫奋　　封面设计　陈益平

出版发行	同济大学出版社　www.tongjipress.com.cn
	(地址:上海市四平路1239号　邮编:200092　电话:021-65985622)
经　　销	全国各地新华书店、建筑书店、网络书店
排版制作	南京展望文化发展有限公司
印　　刷	浙江广育爱多印务有限公司
开　　本	787 mm×1092 mm　1/16
印　　张	15.25
字　　数	305 000
版　　次	2021年5月第1版　2021年5月第1次印刷
书　　号	ISBN 978-7-5608-9740-0
定　　价	71.00元

本书若有印装质量问题,请向本社发行部调换　　版权所有　侵权必究

"同济博士论丛"编写领导小组

组　　　长：杨贤金　钟志华

副 组 长：伍　江　江　波

成　　　员：方守恩　蔡达峰　马锦明　姜富明　吴志强
　　　　　　徐建平　吕培明　顾祥林　雷星晖

办公室成员：李　兰　华春荣　段存广　姚建中

"同济博士论丛"编辑委员会

总 主 编：伍 江

副总主编：雷星晖

编委会委员：（按姓氏笔画顺序排列）

丁晓强　万　钢　马卫民　马在田　马秋武　马建新
王　磊　王占山　王华忠　王国建　王洪伟　王雪峰
尤建新　甘礼华　左曙光　石来德　卢永毅　田　阳
白云霞　冯　俊　吕西林　朱合华　朱经浩　任　杰
任　浩　刘　春　刘玉擎　刘滨谊　闫　冰　关佶红
江景波　孙立军　孙继涛　严国泰　严海东　苏　强
李　杰　李　斌　李风亭　李光耀　李宏强　李国正
李国强　李前裕　李振宇　李爱平　李理光　李新贵
李德华　杨　敏　杨东援　杨守业　杨晓光　肖汝诚
吴广明　吴长福　吴庆生　吴志强　吴承照　何品晶
何敏娟　何清华　汪世龙　汪光焘　沈明荣　宋小冬
张　旭　张亚雷　张庆贺　陈　鸿　陈小鸿　陈义汉
陈飞翔　陈以一　陈世鸣　陈艾荣　陈伟忠　陈志华
邵嘉裕　苗夺谦　林建平　周　苏　周　琪　郑军华
郑时龄　赵　民　赵由才　荆志成　钟再敏　施　骞
施卫星　施建刚　施惠生　祝　建　姚　熹　姚连璧

袁万城　莫天伟　夏四清　顾　明　顾祥林　钱梦騄
徐　政　徐　鉴　徐立鸿　徐亚伟　凌建明　高乃云
郭忠印　唐子来　阎耀保　黄一如　黄宏伟　黄茂松
戚正武　彭正龙　葛耀君　董德存　蒋昌俊　韩传峰
童小华　曾国荪　楼梦麟　路秉杰　蔡永洁　蔡克峰
薛　雷　霍佳震

秘书组成员： 谢永生　赵泽毓　熊磊丽　胡晗欣　卢元姗　蒋卓文

总 序

在同济大学110周年华诞之际,喜闻"同济博士论丛"将正式出版发行,倍感欣慰。记得在100周年校庆时,我曾以《百年同济,大学对社会的承诺》为题作了演讲,如今看到付梓的"同济博士论丛",我想这就是大学对社会承诺的一种体现。这110部学术著作不仅包含了同济大学近10年100多位优秀博士研究生的学术科研成果,也展现了同济大学围绕国家战略开展学科建设、发展自我特色,向建设世界一流大学的目标迈出的坚实步伐。

坐落于东海之滨的同济大学,历经110年历史风云,承古续今、汇聚东西,秉持"与祖国同行、以科教济世"的理念,发扬自强不息、追求卓越的精神,在复兴中华的征程中同舟共济、砥砺前行,谱写了一幅幅辉煌壮美的篇章。创校至今,同济大学培养了数十万工作在祖国各条战线上的人才,包括人们常提到的贝时璋、李国豪、裘法祖、吴孟超等一批著名教授。正是这些专家学者培养了一代又一代的博士研究生,薪火相传,将同济大学的科学研究和学科建设一步步推向高峰。

大学有其社会责任,她的社会责任就是融入国家的创新体系之中,成为国家创新战略的实践者。党的十八大以来,以习近平同志为核心的党中央高度重视科技创新,对实施创新驱动发展战略作出一系列重大决策部署。党的十八届五中全会把创新发展作为五大发展理念之首,强调创新是引领发展的第一动力,要求充分发挥科技创新在全面创新中的引领作用。要把创新驱动发展作为国家的优先战略,以科技创新为核心带动全面创新,以体制机制改革激发创新活力,以高效率的创新体系支撑高水平的创新型国家建设。作为人才培养和科技创新的重要平台,大学是国家创新体系的重要组成部分。同济大学理当围绕国家战略目标的实现,作出更大的贡献。

大学的根本任务是培养人才,同济大学走出了一条特色鲜明的道路。无论是本科教育、研究生教育,还是这些年摸索总结出的导师制、人才培养特区,"卓越人才培养"的做法取得了很好的成绩。聚焦创新驱动转型发展战略,同济大学推进科研管理体系改革和重大科研基地平台建设。以贯穿人才培养全过程的一流创新创业教育助力创新驱动发展战略,实现创新创业教育的全覆盖,培养具有一流创新力、组织力和行动力的卓越人才。"同济博士论丛"的出版不仅是对同济大学人才培养成果的集中展示,更将进一步推动同济大学围绕国家战略开展学科建设、发展自我特色、明确大学定位、培养创新人才。

面对新形势、新任务、新挑战,我们必须增强忧患意识,扎根中国大地,朝着建设世界一流大学的目标,深化改革,勠力前行!

万 钢

2017 年 5 月

论丛前言

承古续今,汇聚东西,百年同济秉持"与祖国同行、以科教济世"的理念,注重人才培养、科学研究、社会服务、文化传承创新和国际合作交流,自强不息,追求卓越。特别是近20年来,同济大学坚持把论文写在祖国的大地上,各学科都培养了一大批博士优秀人才,发表了数以千计的学术研究论文。这些论文不但反映了同济大学培养人才能力和学术研究的水平,而且也促进了学科的发展和国家的建设。多年来,我一直希望能有机会将我们同济大学的优秀博士论文集中整理,分类出版,让更多的读者获得分享。值此同济大学110周年校庆之际,在学校的支持下,"同济博士论丛"得以顺利出版。

"同济博士论丛"的出版组织工作启动于2016年9月,计划在同济大学110周年校庆之际出版110部同济大学的优秀博士论文。我们在数千篇博士论文中,聚焦于2005—2016年十多年间的优秀博士学位论文430余篇,经各院系征询,导师和博士积极响应并同意,遴选出近170篇,涵盖了同济的大部分学科:土木工程、城乡规划学(含建筑、风景园林)、海洋科学、交通运输工程、车辆工程、环境科学与工程、数学、材料工程、测绘科学与工程、机械工程、计算机科学与技术、医学、工程管理、哲学等。作为"同济博士论丛"出版工程的开端,在校庆之际首批集中出版110余部,其余也将陆续出版。

博士学位论文是反映博士研究生培养质量的重要方面。同济大学一直将立德树人作为根本任务,把培养高素质人才摆在首位,认真探索全面提高博士研究生质量的有效途径和机制。因此,"同济博士论丛"的出版集中展示同济大学博士研究生培养与科研成果,体现对同济大学学术文化的传承。

"同济博士论丛"作为重要的科研文献资源,系统、全面、具体地反映了同济大学各学科专业前沿领域的科研成果和发展状况。它的出版是扩大传播同济科研成果和学术影响力的重要途径。博士论文的研究对象中不少是"国家自然科学基金"等科研基金资助的项目,具有明确的创新性和学术性,具有极高的学术价值,对我国的经济、文化、社会发展具有一定的理论和实践指导意义。

"同济博士论丛"的出版,将会调动同济广大科研人员的积极性,促进多学科学术交流、加速人才的发掘和人才的成长,有助于提高同济在国内外的竞争力,为实现同济大学扎根中国大地,建设世界一流大学的目标愿景做好基础性工作。

虽然同济已经发展成为一所特色鲜明、具有国际影响力的综合性、研究型大学,但与世界一流大学之间仍然存在着一定差距。"同济博士论丛"所反映的学术水平需要不断提高,同时在很短的时间内编辑出版110余部著作,必然存在一些不足之处,恳请广大学者,特别是有关专家提出批评,为提高同济人才培养质量和同济的学科建设提供宝贵意见。

最后感谢研究生院、出版社以及各院系的协作与支持。希望"同济博士论丛"能持续出版,并借助新媒体以电子书、知识库等多种方式呈现,以期成为展现同济学术成果、服务社会的一个可持续的出版品牌。为继续扎根中国大地,培育卓越英才,建设世界一流大学服务。

伍 江

2017年5月

前　言

交通拥挤是全世界范围内日益严重的社会问题,优先发展公共交通被认为是缓解交通问题,改善交通状况,提高交通(客流)运输效率,促进交通与城市可持续发展的最主要和最有效的途径之一。在我国及许多国家的大城市,公交[本书特指公共汽(电)车交通]系统规模巨大,网络复杂,为数量庞大的出行者提供运输服务,在城市客流运输系统中占据非常重要的地位。在公交系统的总体服务水平和运行可靠性较差,机动化竞争越来越激烈,公交吸引力较低且改善手段又相对匮乏和落后,而专用道等公交优先基础设施得到大力发展的情况下,公交优先控制理论的研究变得极具现实意义。

本书提出了公交优先控制系统的原型结构,将信号控制交叉口群,而不是单个交叉口,作为优先控制的对象;提出了离线优先策略与在线优先策略相结合,信号控制与调度策略相协调,协调控制与单点控制互补的优先控制思想,设计了系统运行的逻辑流程。这一原型设计使得优先控制系统不但可以应对公交网络简单、线路发车频率低的情形,还适用于道路网络密集,公交网络复杂且流量大,交通流总体运行可靠性不高,行人过街需求大且频繁的状况。随后对离线优先控制策略、在线优先控制策略、信号优先与调度协调策略和信号优先优化软件实现四个主要方面展开研究。

离线公交优先控制策略中,针对公交车流和社会车流共同参与优化,给出了控制的任务、目标和控制方案的生成逻辑,并主要以四个信号配时参数:信号周期、绿信比、相位相序和相位差的优化模型与计算方法为研究重点,提出了"基本周期"与"在线增量"的信号周期优化模型结构;结合仿真数据给出了模型的基本参数,分析并佐证了"人均延误最小"目标和"缩短周期利于信号优先"等相关研究结论之局限。在交叉口时空资源相互转化关系分析的基础上,将车道功能划分作为变量引入信号配时参数优化过程中,提出了以时空组合优化最优为目标的绿信比优化模型。在相位相序设计中,不再拘泥于单个交叉口和机动车流本身,而是将优化范围扩展到信号协调的相邻交叉口,优化对象扩展到行人相位和机动车相位,进而实现交叉口群内的最优化,并考虑了行人过街这一对公交系统服务水平有重要影响的因素。着重研究了考虑公交优先后,相邻交叉口左转相位协调优化的整数规划模型和行人相位与机动车相位的组合优化模型。建立了公交优先相位差优化模型,并进行了敏感性分析。在研究过程中,对所建立的模型都进行了相应的实证分析,模型的有效性及其相对于传统方法的优越性都得到了证明。

在线优先控制策略研究中,确定了在线策略的主要任务和目标,给出了在线控制方案生成的逻辑流程。重点研究了有条件公交协调优先控制模型,该模型以协调控制交叉口群为控制对象,基于车辆通过交叉口群的延误预测,以公交车辆运行状态偏移值(含正、负两种情况)最小化为目标,以社会车流运行服务水平(排队和延误)和交通安全等为约束条件,进行交叉口群内各个交叉口优先策略的组合优化。模型包含了降低公交延误和增加公交延误两大类策略,对优先申请生成、优先时间分配、优先策略及其延误计算、交叉口群策略组合优化和多申请排序等关键组成部分进行了详细研究。协调优先控制模型具有为公交车辆提供有条件的优先,处理多申请,协调群内交叉口优先策略,平衡分配群内各交叉口的优先程度并保持社会交通信号协调的能力。

为应对由于协调模型中公交车辆在交叉口群延误预测不准的情形,在线优先策略还提出了协调条件下的单点感应优先逻辑模型。该模型的目标与协调策略的目标保持统一,根据车辆在交叉口的实时运行状态进行感应。为避免公交优先对社会车流造成较大影响,公交单点感应优先控制仅采用绿灯延长和红灯早断两种策略。对各策略的控制逻辑和主要参数的确定方法都进行了详细的研究。

信号优先与调度在本质目标上的同一性和现实的关连性决定二者之间的协调对两种策略的实现具有重要意义。在对二者关系的初步解析的基础上,分离线和在线两部分进行了公交信号优先与公交调度策略协调方法的初步探索。

以优先控制基本功能和核心模型实现为目标,设计了公交优先控制软件的数据结构和数据流图,并应用 Java Eclipse 编程实现了软件的基础版本 V1.0。

本书设计了公交优先系统的原型结构,深入研究了其控制逻辑和优化模型,并进行了软件实现的探索;拓展和丰富了交通控制理论与方法,并为公交优先控制系统的开发奠定了理论基础。受研究时间和优先控制系统本身及其实施的复杂性所限,研究尚有诸多缺陷,特别是未能对研究成果进行应用研究,这将是后续研究的重要内容。同时,非专用道条件下优先控制模型及非循环优化等也都是后续研究的主要方向。

目 录

总序

论丛前言

前言 ··· 1

第 1 章　引言 ·· 1

　1.1　研究背景 ·· 2

　　　1.1.1　现实需求背景 ·· 2

　　　1.1.2　理论研究背景 ·· 2

　　　1.1.3　相关技术背景 ·· 3

　1.2　研究问题提出 ··· 4

　　　1.2.1　应用问题 ··· 4

　　　1.2.2　科学问题 ··· 5

　　　1.2.3　已有研究之缺陷 ·· 6

　1.3　研究定位与目标 ··· 8

　　　1.3.1　研究对象界定 ·· 8

　　　1.3.2　研究目标 ··· 8

　1.4　主要研究内容和本书结构 ··· 9

  1.4.1 主要研究内容 ·················· 9
  1.4.2 本书结构 ···················· 10
  1.4.3 研究技术路线 ·················· 11

第 2 章 文献综述 ························ 12
 2.1 概述 ···························· 12
 2.2 公交优先控制理论研究 ··················· 13
  2.2.1 公交优先控制定义 ················ 13
  2.2.2 公交优先的分类 ················· 14
  2.2.3 被动优先策略研究 ················ 15
  2.2.4 主动优先策略研究 ················ 16
  2.2.5 实时优先策略研究 ················ 20
 2.3 主要控制系统中的公交优先 ················· 25
  2.3.1 TRANSYT 中的公交优先 ·············· 25
  2.3.2 SCOOT 中的公交优先 ··············· 26
  2.3.3 SCATS 中的公交优先 ··············· 26
  2.3.4 SPPORT 系统中的公交优先 ············ 27
  2.3.5 RHODES 系统中的公交优先 ············ 28
  2.3.6 其他主要控制系统中的公交优先 ·········· 28
 2.4 综合评述 ·························· 30
  2.4.1 主要成果及研究趋势分析 ············· 30
  2.4.2 主要的研究缺陷与待研究的问题 ·········· 31
  2.4.3 相关研究与本文研究对比 ············· 32

第 3 章 公交优先控制系统原型设计 ················ 35
 3.1 公交优先控制的目标 ···················· 35
  3.1.1 公交优先控制的本源目标 ············· 35

3.1.2 公交优先控制的应用目标 ·········· 36
　　　3.1.3 公交系统运行目标 ·············· 36
3.2 公交优先控制系统的基本要素 ············ 37
　　　3.2.1 优先控制系统与经典控制系统的类比 ····· 37
　　　3.2.2 公交优先控制系统的基本组成模块 ······ 38
　　　3.2.3 优先控制系统与城市交通控制系统的关系 ·· 39
3.3 公交优先控制对象特征 ················ 40
　　　3.3.1 社会交通流特征分析 ············· 40
　　　3.3.2 公共交通流特征分析 ············· 41
　　　3.3.3 公交乘客过街交通流特征分析 ········ 43
3.4 基于交叉口群的优先控制系统原型 ········· 44
　　　3.4.1 优先控制系统的逻辑结构 ·········· 45
　　　3.4.2 优先控制系统的核心思想 ·········· 46
　　　3.4.3 优先控制策略优化流程 ··········· 49

第 4 章 离线公交优先控制策略 ············· 51
4.1 离线优先策略的目标与任务 ············· 51
　　　4.1.1 离线优先策略的主要任务 ·········· 51
　　　4.1.2 离线优先策略的目标 ············ 52
4.2 离线优先策略总体优化逻辑 ············· 52
　　　4.2.1 基于公交优先的信号配时参数优化 ····· 52
　　　4.2.2 离线控制策略总体优化逻辑 ········· 53
4.3 信号周期优化模型 ·················· 54
　　　4.3.1 信号周期优化的基本考虑 ·········· 54
　　　4.3.2 优化问题描述 ················ 55
　　　4.3.3 优化模型 ·················· 55
　　　4.3.4 算例分析 ·················· 58

4.3.5 在线调整空间的考虑 ········· 64
4.3.6 小结 ········· 67
4.4 绿信比分配模型 ········· 68
4.4.1 绿信比分配的基本考虑 ········· 68
4.4.2 优化问题描述 ········· 68
4.4.3 进口道车道功能划分与绿信比分配关系 ········· 69
4.4.4 基于时空优化的绿信比优化模型 ········· 71
4.4.5 算例分析 ········· 73
4.4.6 小结 ········· 75
4.5 信号相位相序优化模型 ········· 76
4.5.1 信号相位设计的基本考虑 ········· 76
4.5.2 单点交叉口允许左转下的相位相序设计 ········· 76
4.5.3 相邻交叉口左转相位协调优化 ········· 77
4.5.4 公交与行人过街相位组合优化 ········· 88
4.6 信号相位差优化模型 ········· 94
4.6.1 相位差加权优化模型 ········· 94
4.6.2 公交信号相位差的敏感性分析 ········· 95
4.6.3 考虑停靠站布局的信号相位差优化 ········· 98

第5章 在线公交优先控制策略 ········· 100
5.1 在线优先策略的任务与目标 ········· 100
5.1.1 在线优先策略的基本任务 ········· 100
5.1.2 在线优先策略的目标 ········· 101
5.2 在线优先策略的基本考虑 ········· 102
5.2.1 有条件信号优先 ········· 102
5.2.2 系统协调与单点感应相结合 ········· 103
5.2.3 相邻交叉口间的信号协调内容 ········· 103

5.2.4　多申请下的信号优先 ………………………………… 103
　　5.2.5　信号优先的实时性 …………………………………… 103
5.3　在线优先控制系统架构 ……………………………………… 104
　　5.3.1　系统功能模块设计 …………………………………… 104
　　5.3.2　在线优先总体控制逻辑 ……………………………… 104
5.4　在线公交优先协调控制模型(CCBP) ……………………… 106
　　5.4.1　协调模型基本考虑 …………………………………… 106
　　5.4.2　协调模型总体设计 …………………………………… 108
　　5.4.3　公交车辆延误预测模型 ……………………………… 110
　　5.4.4　优先申请生成模型 …………………………………… 113
　　5.4.5　优先策略与延误计算 ………………………………… 114
　　5.4.6　优先时间分配模型 …………………………………… 116
　　5.4.7　公交优先策略组合优化模型 ………………………… 117
　　5.4.8　多申请排序模型 ……………………………………… 119
　　5.4.9　CCBP模型求解 ……………………………………… 123
　　5.4.10　模型验证分析 ………………………………………… 125
5.5　系统协调下单点感应优先控制策略(SIBP) ………………… 132
　　5.5.1　单点信号优先总体逻辑流程 ………………………… 132
　　5.5.2　单点优先申请的生成逻辑 …………………………… 132
　　5.5.3　单点绿灯延长 ………………………………………… 135
　　5.5.4　单点红灯早断 ………………………………………… 139

第6章　信号优先与调度协调策略 …………………………………… 144
6.1　概述 …………………………………………………………… 144
6.2　控制与调度策略协调的基本考虑 …………………………… 145
　　6.2.1　控制与调度的协调逻辑 ……………………………… 145
　　6.2.2　策略协调的主要内容 ………………………………… 147

6.3 离线优先策略与发车频率协调优化 ·················· 147
　　6.3.1 协调优化的基本思路 ···························· 147
　　6.3.2 落点数目模型 ·································· 149
　　6.3.3 不同落点数目下的控制策略 ···················· 150
　　6.3.4 仿真评价与分析 ································ 154
　　6.3.5 小结 ·· 158
6.4 在线优先策略与车辆驻站控制协调优化 ·············· 159
　　6.4.1 概述 ·· 159
　　6.4.2 协调问题描述 ·································· 160
　　6.4.3 协调的基本逻辑 ································ 161
　　6.4.4 协调优化模型 ·································· 161
　　6.4.5 算例分析 ······································ 163

第7章 公交优先控制优化软件实现研究 ················ 166
7.1 软件研究定位与功能模块设计 ······················ 166
　　7.1.1 软件的功能定位 ································ 166
　　7.1.2 软件主要构成模块 ······························ 167
7.2 软件逻辑流程 ·· 168
　　7.2.1 在线优化逻辑流程 ······························ 168
　　7.2.2 底层仿真逻辑流程 ······························ 169
7.3 数据结构设计 ·· 169
　　7.3.1 用户操作界面模块 ······························ 169
　　7.3.2 在线优化模块 ·································· 171
　　7.3.3 底层仿真模块 ·································· 172
　　7.3.4 软件数据模型的建立 ···························· 172
7.4 软件的实现 ·· 175
　　7.4.1 软件开发环境 ·································· 175

  7.4.2 基于 Petri 网底层仿真模型 …………………………… 176
  7.4.3 软件的界面 ……………………………………………… 180

第8章 结论与展望 ……………………………………………………… 182
 8.1 主要研究成果 ………………………………………………… 182
 8.2 创新点 ………………………………………………………… 183
 8.3 研究展望 ……………………………………………………… 184

后记 …………………………………………………………………………… 186

附录 A 信号优先控制优化模块(主程序) ………………………… 188
附录 B CCBP 交叉口群协调优化模块(主程序) ………………… 197
附录 C 交叉口优先策略优化模块(主程序) ………………………… 203

参考文献 ……………………………………………………………………… 212

第 1 章
引 言

在城市人口急剧增加,交通拥挤状况日益严重的背景下,优先发展公共交通成为全世界大多数城市的战略选择。设置公交专用道(本书特指公共汽、电车专用道)和信号优先是(本书特指公共汽、电车的信号优先)公交优先的两大重要手段。第一条具有广泛世界影响力的公交专用道源于 1974 年巴西的 Curitiba 的快速公交系统,而公交专用道概念的提出可以追溯到 1937 年美国 Chicago 的交通规划(Lloyd Wright, 2004)[1]。通过设置公交专用道,给与公交车辆以空间上的优先通行权,可以大大降低社会车辆对公交车辆运行的干扰,进而提高公交系统的运行速度和可靠性。最早的信号优先可以追溯到 1967 年洛杉矶公路局 Wilbur 等人的研究。通过信号优先,一方面可以提高公交系统的运行速度、准点率和可靠性,进而增加公交系统的吸引力,促进交通方式转移,从而缓解交通拥挤;另一方面,信号优先还可以降低公交系统运营费用,提高公交企业的运营效能。

基于对公交优先需求与信号优先理论研究成果的分析和总结,本书从客观存在的实际现象和理论问题入手,以形成具有可操作性的控制策略和方法为目的,对公交专用道的信号优先控制理论进行深入研究,以期能够促进公交优先理论的完善,并推动理论成果的转化与实际应用。

1.1 研究背景

1.1.1 现实需求背景

交通拥挤成为越来越多城市的不堪承受之痛,发展中国家与发达国家的情形都是如此。交通拥挤带来的损失也是巨大的,据测算,由于交通堵塞,英国每年在时间和燃料上的损失相当于国内生产总值的2%到4%[2]。高度依赖小汽车的国家如美国,付出的代价也是高昂的,约占世界5%的人口消耗了26%的石油,且45%的贸易赤字来自汽车和石油的进口(S. K. Jason CHANG,2005)。在这一严峻形势下,越来越多的国家转而将优先发展公共交通作为重要的战略选择。

我国政府很早就将优先发展公共交通作为应对交通拥堵的策略。北京、上海、济南、昆明、石家庄、厦门和杭州等诸多城市也开始公交专用道等的规划和建设乃至正式运行。另有西安、重庆、成都、武汉、郑州等诸多城市已经展开建设公交优先系统的研究。因而无论从我国还是从世界交通状况的发展来看,公交优先理论和技术的研究都具有巨大的需求。公交优先控制理论,作为公交优先系统的关键和核心技术之一,其相关研究将具有广泛的应用价值。

1.1.2 理论研究背景

公交优先控制理论与方法尚需完善。Christopher Dickerson Hunter(2000)在其博士论文中指出,"到目前为止,尚没有得到广泛接受的公交优先控制应用案例",并认为其主要原因在于"公交信号优先常常打断背景控制方案的信号协调"[4]。而Meenakshy Vasudevan(2005)博士也指出了类似的问题,"多数已有的公交优先系统中,信号优先策略的实施没有考虑其对社会车流的影响",并且"多数研究假设仅在主要道路的主要流向上有公交车"。本书的研究综述证实,上述分析是客观的,虽然在 20 世纪末及以后众多研究者开始发表旨在克服原有公交优先理论缺点的研究成果,但尚未形成系统性的成果。公交信号优先虽然历经 50 余年的研究,无论在理论还是在实践层面,仍有诸多不完善之处,这是由公交优先控制本身具有的复杂性决定的。公交优先控制不但要进行优先策略本身的优化,还需要协调信号优先与背景控制方案的关系,兼顾公交车流与社会车流的运行效益。同时,公交信号优先还需考虑公交运营调度策略的影响,以期实现公交系统整体效果的最优。

与国外特别是美国相比,我国的公交优先控制的控制对象、运行环境等代表了公交系统的另一种情形:公交线路多、发车频率高、总体流量大、公交网络复杂和受到干扰较多。这些决定了以公交需求较小等为典型特征的公交优先控制策略难以直接应用。

因而,无论从世界上公交优先控制理论的研究和实践进展还是从面向实际公交系统特征来看,都有必要对公交优先控制理论进行系统而深入的研究。研究成果不但是对公交优先控制理论的完善和拓展,还可以发展成面向实际情况的可操作的控制系统。

1.1.3 相关技术背景

ITS 相关技术的进步为信号优先的实现提供了技术保障。公交优先控制的实现对交通信号控制机、公交车辆检测手段、计算和通信设备都有较高的要求。公交车辆检测技术等的不足,是许多早期公交优先控制系统难以实践的主要因素之一(Hunter,2000)。ITS 相关技术的进步,特别是车辆自动定位/识别系统(Automatic Vehicle Location System,AVL/Automatic Vehicle Identification technologies,AVI)、公交车辆技术、乘客自动计数系统(Automatic Passenger Counting system,APC)等技术的发展以及交通信号控制相关设备功能的提升,从可获取的信息到可执行的优先策略等诸多方面,为公交优先控制理论的实现提供了较强的技术保障。

1.2 研究问题提出

由于载客量、资源利用率及环境影响等的不同,公共汽(电)车与小汽车具有不同的运输效率。在交通拥挤日益严重的情形下,如何处理公共交通流与社会交通流的关系凸显为城市交通控制系统需要解决的重要课题。如图1-1所示,交通控制系统的天平应该偏向哪一方向?为什么偏向某一方向?怎样偏向某一方向?偏向某一方向多少?公交优先控制系统的研究必须回答这一系列问题。

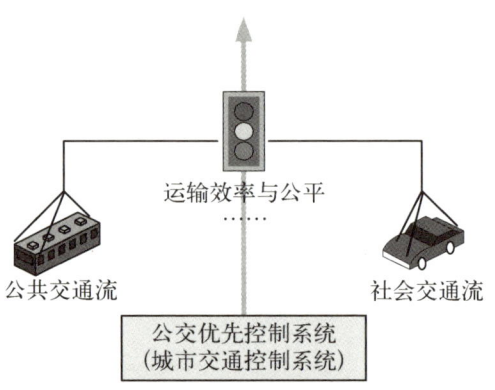

图1-1 公交优先控制问题示意图

1.2.1 应用问题

在公交优先的政策环境和硬件设施齐全之后,提高公交系统的可靠性、吸引力和公交企业的运营效能便成为落实公交优先的关键。Abkowitz(1978)首先将公交信号优先归结为解决这一关键问题的主要手段[6]。具

体而言,公交优先控制需要解决如下应用问题:

1) 如何提高公交车辆的运行速度

公交车辆快速运行是公交运营者和乘客的共同目标。据统计,交叉口的延误占公交车辆行程时间的15%以上。如何利用交通控制系统实现公交车辆延误的降低,是公交优先控制面临的现实问题。

2) 如何提高公交系统的可靠性

除了行程时间绝对值等之外,行程时间的可靠性也是决定出行者交通方式选择的重要因素。交叉口信号延误的不确定性是公交车辆运行状态波动的原因之一。不但如此,人们还期待信号控制系统能够在一定程度上缓解由于停靠时间的不确定性等带来的公交车辆运行状态波动。

3) 如何提升公交系统的相对吸引力

在小汽车进入普通家庭的趋势不可阻挡而交通拥挤日趋严峻的情况下,提高公交系统的服务水平,使其在与小汽车交通方式竞争时具备综合优势是改善交通的根本途径之一。必须使得公交车辆的服务水平全面接近或者在某些方面超越小汽车交通,提升公交系统的相对吸引力,才有可能保住目前的客流并吸引新增客流。公交信号优先控制系统是增加公交系统吸引力,调节社会车流和公交车流服务水平的主要工具。

4) 如何制定优先控制方案和选择乃至开发优先控制系统

对于交通管理者,如何根据实际的交通状态制定合理的优先控制方案,选择合适的公交优先控制系统,是推进公交优先过程中面临的实际问题。对于交通控制系统的研发人员来说,首先需要回答系统控制对象、系统结构、控制策略与方法等基本问题。

1.2.2 科学问题

由于大多数公交车辆与社会车流在同一平面路网上运行,受相同的交通信号控制系统控制,公交信号优先必然要影响到社会车流的运行。显然,社会车流的运行状态不能因公交信号优先的实施而显著恶化,从某种程度上说,社会车流在路网上的顺畅运行也是公交优先能顺利实现的保证。因而,如何通过控制策略的优化,使得交通信号有利于公交系统提供快速而可靠的服务,同时又不会因为提供公交优先而对社会车流产生较大的影响,是公交优先控制研究的核心问题。这一问题可以细化为如下子问题:

1) 控制对象与目标的选择问题

控制对象与控制目标的确定是整个控制优化过程有效的前提。在传统的研究中,公交优先控制对象一般为单一交叉口,控制目标一般为公交车辆延误最小或人均延误最小。这一对象和目标是否合理?是否有其他的控制对象和目标能够更合理地刻画公交优先控制问题,并能够协调公交车辆与社会车辆、不同交叉口之间以及公交车辆速度与运行可靠性等之间的关系?这是本书需要回答的第一个理论问题。

2) 控制结构和逻辑设计问题

优先控制面向的是庞大而复杂的交通网络,控制系统的结构对系统的优化效率和准确性有重要的影响。如何使得所设计的控制系统结构能够高效地实现系统的优化目标,如何设计清晰的控制逻辑能够较好地解析和承担控制任务,是本书需要回答的第二个理论问题。

3) 多目标的交通控制与优化问题

公交优先条件下,公交车流与社会车流的共同优化明显构成了一个多目标的优化问题。虽然,本书并不追求多目标优化方法的创新,但如何根据交通控制的需求来处理这一问题,却是本书需要回答的第三个理论问题。

1.2.3 已有研究之缺陷

自 20 世纪 60 年代开始,公交优先作为一个重要的方向得到了很多研究者的重视,并取得了较多的研究成果。然而迄今为止,在检索到的文献中尚未发现一个控制系统完美解决这一问题。主要存在以下五点缺陷:

1) 控制目标的偏差

早期的公交优先研究,将控制目标定为车辆延误最小化。在这一目标指导下,控制系统需要为所有的公交车辆提供优先而不考虑每一车辆的具体运行状态。这种策略一方面增加了控制系统的负担(频繁的优先),另一方面也不利于提高公交系统的运行可靠性,因而难以实现较好的控制效果。

2) 对社会车流考虑不足

信号的调整影响公交车辆的同时也对社会车流产生影响。而大多的优先控制策略中,将信号优先作为一个独立的问题进行研究,社会车流受到的影响并没有得到足够的重视和充分的考虑,以致社会车流信号协调常常因提供公交优先而被打断,而在很多情况下,这种协调的破坏会造成社会车流运行状况的显著恶化。

3) 忽略了优先控制策略的协调

多数已有的控制策略仅考虑了在某一个交叉口如何为公交车辆提供优先策略。而没有考虑该优先策略下,车辆到达下游交叉口时,该交叉口的信号状态以及可能采取的优先策略。这必然会造成某些优先策略的失效。举例而言,如果在上游交叉口得到信号优先的车辆在下游交叉口不得不等待红灯,则上游交叉口的优先效果必然受到削弱。

4) 单独依赖于在线策略

公交车辆与社会车流的一个主要区别在于每一条线路上的车辆都呈一定的规律性依次进入交通网络,并在固定的站点停靠,且一天中公交流量的变化趋势(发车频率)对控制系统而言是已知的。这为离线进行信号优先控制方案优化提供了非常好的条件。而已有的研究策略大都为在线优化策略,缺乏在线策略与离线策略的结合。这不但影响控制系统的控制效果，而且还会影响到系统的鲁棒性和适应性。

5) 缺乏运营调度策略协调

公交系统的一个主要特性在于其同时受到交通控制系统和运营调度系统的控制，而二者都具有提高系统运行效率和可靠性的目标。调度系统与控制系统策略的脱节可能会造成整体效益的降低。举例而言，如果调度系统在停靠站对某车辆进行驻站控制后，控制系统却不得不在下游交叉口为该车辆提供信号优先，则驻站控制即失去意义，反之亦然。在以往的研究中，很少有控制策略考虑这一类问题。

本书即针对上述现实的理论问题和客观的研究缺陷，展开优先控制策略的研究。同时本书注意到了国内外（如我国与美国）公交系统的不同特征，并在研究中重点考虑了适用于我国公交系统的控制理论和方法。

1.3 研究定位与目标

1.3.1 研究对象界定

根据公交车辆运行物理环境的不同，公交优先可以分为混合交通（Mixed traffic）下的公交信号优先和公交专用道下的公交优先。本书研究的对象为公交专用道下的信号优先策略。即在道路上具有公交专用道。

本书在研究过程中，假定所有的交通设计（公交专用道、公交站台）方案均是科学合理的，不对其进行研究；假定优先控制中所需要的信息都是可以获得的，不对信息的采集方式进行深入研究；假定控制系统的通信完好，并且所有数据都准确。

1.3.2 研究目标

本书的目标为研究并提出公交专用道条件下的信号优先控制理论，并将其中的核心模块进行计算机软件实现,完善交通控制理论的同时,为发展成为可操作的公交优先控制系统提供理论基础。本书研究的信号优先控制理论由公交优先离线优化策略和公交优先在线优化策略两个核心部分构成。在两部分核心内容研究的过程中,着重考虑了如何克服前述的已有研究之缺陷。本书研究的控制策略是一种循环优化(cyclic)策略,在离线优化策略中着重研究考虑公交优先的信号周期、相位相序、绿信比和相位差的优化模型和算法。在线优化策略则着重研究有条件公交优先协调控制策略和以协调控制策略得以最大程度实现为目标的单点公交优先策略。

在这两部分核心内容研究之前,本书首先进行公交优先控制系统的原型设计。而在两部分核心内容研究之后,本书将初步探讨调度与控制的组合优化策略。同时,本书还将对离线和在线优化策略中的核心模块进行软件实现,一方面对本书的研究成果进行评价,另一方面为开发公交优先控制系统提供技术支持。

1.4　主要研究内容和本书结构

1.4.1　主要研究内容

(1) 综述国内外的研究和实践结果,借鉴其成功经验,同时分析其研究不足,进一步明确本书的目标和方向;

(2) 分析我国公交系统的特征和公交优先控制的运行环境;

(3) 设计公交专用道信号优先控制系统的原型;

(4) 提出公交优先离线策略的总体逻辑和优化模型;

(5) 提出系统协调和单点感应相结合的公交优先在线策略;

(6) 研究调度与控制组合优化策略。

（7）开发优先控制核心软件，实现优先控制模型和算法。

1.4.2　本书结构

本书的研究内容如表 1-1 所列。

表 1-1　本书研究内容

章节编号	题　目	主　要　内　容	研究方法
第 1 章	引言	课题来源、研究背景、目的意义、研究内容与技术路线	
第 2 章	文献综述	相关研究的发展现状与趋势，现有研究的优势与不足，本书的学术定位	归纳与比较
第 3 章	公交优先控制系统原型设计	解析公交优先控制的目标，分析研究公交优先控制系统的基本要素，提出优先控制系统的原型结构和运行逻辑，确立公交优先控制的基本思想	因果分析 对比分析
第 4 章	离线公交优先控制策略	提出离线优化的总体逻辑，建立信号周期、绿信比、相位相序和相位差的优化模型，并进行深入分析	最优化方法 计算机仿真 敏感性分析
第 5 章	在线公交优先控制策略	在第 4 章研究的基础上，建立在线优先的总体控制逻辑，研究了有条件公交优先协调控制模型和协调条件下的单点感应控制模型	最优化方法 计算机仿真 决策理论
第 6 章	信号优先与调度协调策略	在第 4 章和第 5 章研究的基础上，进一步研究信号优先与调度的协调策略	最优化方法 计算机仿真
第 7 章	公交优先控制优化软件实现研究	在前述研究的基础上，对信号优先控制的核心模型进行软件实现	计算机仿真 软件工程
第 8 章	结论与展望	总结本书的主要研究成果与创新点，并根据本书存在的不足，提出下一步的研究方向	

1.4.3 研究技术路线

本书研究技术路线如图 1-2 所示,首先从问题出发,进行理论抽象和建模分析,得出相应的解决方法,然后利用仿真和算例进行验证和完善。

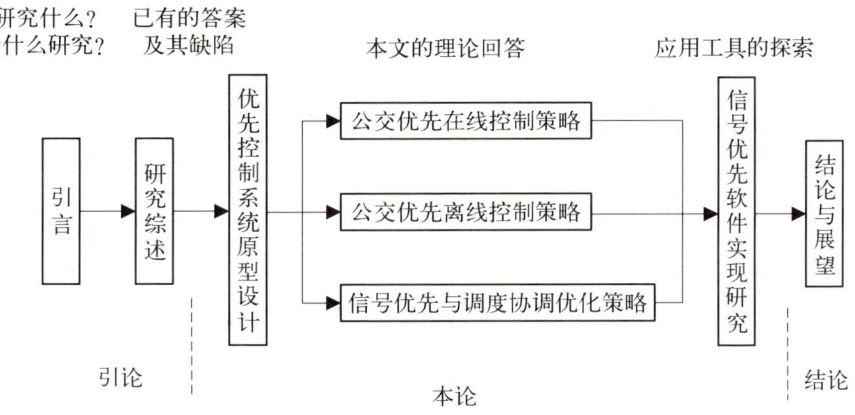

图 1-2 研究技术路线

第2章 文献综述

2.1 概 述

在现实巨大需求和美好预期效果的驱动下,公交优先控制理论自1967年开始,逐渐吸引了交通控制领域、公共交通领域乃至交通设计和交通安全领域众多研究者的注意力。在50余年的时间里,公交优先理论从最初的手动优先,发展到最新的自适应优先(adaptive priority);并从最初的公交无条件绝对优先(unconditional priority)发展到有条件相对优先(conditional priority)[7][8]。随着控制论、人工智能等关联学科的进展和ITS等相关技术的进步,信号优先的研究方法也从最初基于逻辑的感应控制发展到最优控制、模糊控制以及基于Agent的优先控制。公交优先策略中考虑的因素也逐渐增加,从最初仅仅依据车辆是否到达或通过检测器进行优先控制发展到利用车辆的定位信息、运行状态信息、客流信息等综合信息优化公交优先策略。

2.2 公交优先控制理论研究

2.2.1 公交优先控制定义

"公交优先"始于20世纪60年代的法国巴黎[9],它很快被饱尝交通阻塞之苦的欧洲其他发达国家大城市所接受并逐步完善。在早期的公交优先控制研究过程中,学者们倾向于将公交优先与强制优先(priority and preemption)归结为同一类问题。这可以从早期公交优先论文多以 transit/bus signal preemption 命名看出来。然而,随着研究的深入,二者的区别逐渐被相关学者指出(ITS America,2002;Janice Daniel,Edward Lieberman,Raghavan Srinivasan,2005)[7][8]。NTCIP 1202 Version 2 (Harriet R. Smith, et al, 2005)中公交优先(bus priority)的定义为:"在信号控制交叉口给予公交车辆相对于其他车辆的优先权,同时这种优先不应导致相应的信号机脱离正常运行状态"。而对强制优先(preemption)的定义为:"交通信号从正常状态切换到一个特殊状态,以满足紧急救援车辆、轨道交通等的通行,即需要中止正常的信号运行来提供一个特殊的信号服务"。从本质上分析,这两个定义体现出了优先级的思想。对于一般的公交车辆,其优先级大于普通的社会车辆,而紧急车辆(紧急救援车辆、轨道交通等)的优先级明显处于最高级。

本书借鉴了这种优先级的思想,但并不局限于这两种定义。优先级的判断基于公交车辆/客流与社会车辆/客流以及各类交通流的紧急程度等的对比关系而进行。显然,在一般情况下,应为公交车辆提供一定条件和约束下的优先权,但也不排除在特殊情况下(公交车队规模较大等),为公交车辆提供强制优先。

2.2.2 公交优先的分类

TCRP 的研究报告中[10],引用了 Sunkari 等人的观点[14](Sunkari, Beasley, Urbanik, and Fambro,1995)并结合 Yagar 和 Chang 等人的最新研究成果(Yagar,1994;Chang,Vasudevan and Su,1995),将公交优先策略分为被动优先策略(Passive Priority Strategies)、主动优先策略(Active Priority Strategies)和实时优先策略(Real-Time Priority Strategies)(TCRP Project A-16,1998),如表 2-1 所示。这一分类方法被广泛接受。ITS America(2004)进一步对被动优先、主动优先和实时优先作出如下界定。

表 2-1 公共汽车优先控制基本策略

被动优先策略(Passive Priority Strategies)
调整周期长度(Adjustment of Cycle Length)
重复绿灯(Transit Movement Repetition in the Cycle)
绿灯时间分配原则(Green Time Bias Towards Transit Movement)
相位设计方法(Phasing Design Bias Towards Transit Movement)
公交运行的协调绿波(Linking for Transit Progression)
主动优先策略(Active Priority Strategies)
相位延长(Phase Extension)
提前激活相位(Early Phase Activation)
公共汽车专用相位(Special Transit Phase)
相位压缩(Phase Suppression)
实时优先策略(Real-Time Priority Strategies)
延误优化(Delay Optimizing)
交叉口控制(Intersection Control)
网络控制(Network Control)

被动优先:该优先策略不考虑交叉口是否有公交车辆到达,同时不需要车辆检测/优先申请生成系统。一般而言,在公交车辆运行状态稳定(如

停靠时间稳定),发车频率高,公交流量大的情况下,被动优先十分有效。

主动优先:主动优先为检测到的特定车辆提供优先,包括绿灯延长、红灯早断、相位插入等多种方法。

实时优先:提供优先的同时以某一指标为目标进行方案优化。优化目标可能包括以人为单位的延误、车均延误或者一些指标的组合。这一策略需运行在能够实时检测交通状态并进行方案调整的自适应控制系统中,基于实时检测的数据对优先控制方案进行优化。

2.2.3 被动优先策略研究

相对于另外两种优先策略而言,被动优先策略的研究成果较少。尽管直观判断,被动优先应能够对降低公交车辆延误起到作用,但 Yagar(1993)的研究,未能证实这一点。Yagar 以加拿大多伦多皇后大道为案例,试图在 TRANSYT-7F 的周期优化模型中考虑公交优先,结果并未有明显效益。Yagar 认为这是由 TRANSYT-7F 模型本身的局限以及假定车辆固定时刻定间隔到达决定的,在实际运行中,公交车辆的到达是随机的。

Sunkari,Beasley,Urbanik and Fambro(1995)[14]研究了一种信号周期优化模型。首先将信号周期分成无公交车辆到达周期和有公交车辆到达周期两类,并提出了基于两类周期加权延误的交叉口信号配时优化计算模型,权重基于有公交车到达和无公交车到达的信号周期数目决定。这可能是一个有效的被动优先方案优化方法,但是该研究没有描述模型的稳定性。

Skabardonis(2000)提出了利用被动优先策略和主动优先策略进行干线协调控制的方法[15]。其中的被动优先控制方案由 TRANSYT-7F 得出,即把公交车流建立为一个独立的连线(Link)并且赋予不同的延误和停车次数权重,从而使得 TRANSYT-7F 能够产生利用公交车辆优先的控制方案。该研究指出,当公交流量较大且运行状态稳定时,被动优先能实现良好的控制效果。

目前尚无文献表明在常见的信号配时软件如 PASSER，MAXBAND，SYNCHRO 或 SOAP 等中整合了被动优先策略[5]。

2.2.4　主动优先策略研究

主动优先策略是早期公交优先控制研究的重点，伴随着优先控制研究领域的诞生而出现，也得出了众多非常有意义的研究成果。Ludwick (1976)在早期的仿真研究中发现，其提出的无条件优先模型能使公交行程时间降低 25%，与此同时，在公交发车频率较小的情况下，相交道路车流延误的增加非常巨大[16]。将优先幅度约束在 10 s 以内的算法仍能降低公交行程时间约 20%，而相交道路延误增加 7%。研究还发现停靠站设置交叉口下游的情形优于交叉口上游的情形。特别是在社会车辆信号协调较好的情况下，频繁停靠的线路比快线更需要公交优先。

Elias(1976)对加州 3.8 英里(1 英里约等于 1.6 公里)共 9 个信号控制交叉口的公交优先控制系统进行了评价分析。研究发现公交行程时间减少 23%，公交运行准时性和可靠性增强，进而提升了服务水平，且对相交道路的影响较少(但没有数据支持其结论)[17]。Wattleworth et al(1976)、liberman et al(1978)、Slater and Shaih(1979)、Hubschneider(1982)使用仿真等手段也进行了公交优先控制评价的研究。

Vincent(1978)等人建立微观仿真模型对五种优先控制策略[18]进行了评价分析。五种控制策略包括：(a) 仅有绿灯延长；(b) 绿灯延长加红灯缩短，无恢复算法；(c) 绿灯延长加红灯缩短加恢复算法；(d) 红灯缩短，无恢复算法；(e) 红灯缩短加恢复算法。研究中考虑的不同流量，不同饱和度的情形。研究结果指出：对于三种常用的控制策略(a)、(b)、(c)，控制策略(a)对公交的效益不明显，但同时对社会车辆的影响也较小，(b)对公交的效益明显，但同时对社会车辆的负效益较大，(c)给公交带来的效益较(b)少，但对社会车辆的影响也较小。

Richardson(1979)等人提出了一种新的评价方法对 Victoria 的主动优先控制系统进行评价[19]。引入了 Perceive delay 和 Budgeted delay 两个参数,这两个参数在优先控制评价中产生了很大影响。Perceive delay 是实际延误在心理上的度量值,Budgeted delay 定义为行程时间(或延误)的平均值与标准差的和。研究发现是 Budgeted delay 而非平均延误的降低是公交优先更加可行的原因。即使平均延误有所增加,公交优先也可能提供较好的服务水平(即延误的波动减小)。

Jacobson and Sheffi(1981)假设交叉口车辆到达服从泊松分布,同时将绿灯时间的起点作为变量,研究了公交优先条件下的延误解析模型,并分析了:① 无公交优先,最小人均延误;② 无公交优先,最小车均延误;③ 有公交优先,最小人均延误;④ 有公交优先,最小车均延误。研究指出,公交优先的效益可通过调整总的信号配时方案来增加;当优先方向流量显著大于横向流量时,优先的效益并不明显;随着公交流量的增加,优先的效益愈加明显[20]。

Rothenberg and Smdahl(1981)等人对 27 个优先项目评价后指出,优先控制提高了公交运行的可靠性,同时对社会车辆带来的负影响不大。Radwan and Hurley(1982)提出了用于评价单点交叉口公交优先控制策略的宏观延误计算模型[21]。

Roark(1982)围绕公交优先控制提出两个问题:① 与公交车同时优先通行的车队数量;② 公交车辆驾驶员预测到交叉口信号绿灯时,快速进入交叉口。实际数据的分析表明,公交优先降低公交车辆延误的同时平滑了主线交通流。Roark 还提出了实行公交优先控制的四个标准:① 总体延误降低;② 高峰时段至少有 10~15 辆公交车/小时;③ 一天中双向流量不小于 100 辆公交车;④ 横向道路绿灯可以在满足最小绿灯约束的前提下减少[22]。

Benevelli(1983)使用 UTCS/BPS 模型公交优先控制进行了研究[14]。发现公交优先控制的效益受算法结构和停靠站的位置的约束。相比之下,多相位信号降低了公交优先的效益,随着优先的相位的增加,信号协调的效益消失,车均延误增加;停靠站设置在交叉口下游,有利于公交优先效益的发挥。他们用 SOAP 和 TRANSYT 来设计相位模式和计算周期,研究指出:当信号配时方案在提供优先之后,不能重新计算出较好的相位差,对整体交通的交通产生非常不利的影响[23]。

Smith(1985)为新泽西运输局研究了一个公交优先算法,并由联邦公路局(FHWA)整合入仿真模型 NETSIM 中。算法中考虑了交叉口上、下游设置停靠站的情形,并较可信地评估了公交优先对交叉口的影响[24]。Davis 等人(1991)研究指出,尽管在理想状态下,公交优先不会造成路网上通行能力的损失,但实际中往往并非如此。

Casey 等人(1991)研究发现公交优先会打断社会车流。这一结论与许多研究者的观点不谋而合,即在交通主干道上,信号协调比公交优先更有效,特别是在交通拥挤时,很难有机会为公交提供信号优先[25]。

Khasnabis 等人(1991)研究指出[26],有一系列因素影响了公交优先控制的广泛应用,其中包括准确可靠的公交车辆检测技术缺乏,公交优先的标准的不足以及不能够有效降低对非优先相位车流的影响等。尤其是当公交车辆位于交叉口进口道时,由于停靠时间的不确定性影响车辆到达交叉口的时刻,因而优先控制更加难以实现。Ingalls 等人(1993)、Alice 等人(1993)、Sunkary(1995)都对公交优先控制的评价方法进行了研究。

从 20 世纪 90 年代中期起,主动优先策略研究的成果较少,逐渐被实时优先策略的研究所替代。公交优先也由绝对优先阶段发展到相对优先阶段。越来越多的研究者考虑以时刻表或车头时距为依据的优先策略。从这一阶段起,国内的学者也开始陆续发表公交优先的研究成果。

国内最早的研究可能为同济大学谭永朝(1998)在其硕士学位论文中研究的混合交通下的优先模式[27]。几乎在同一时期,北京交通大学吴建平(1998)[28]研究了预信号与主信号的协调方法及延误计算方法。邵俊、杨晓光和史春华(2000)在此基础上研究了公交预信号控制与设计的结合问题[29]。

杨晓光、周光伟、林瑜、杭明升等人对主动公交优先控制先后进行了一系列研究[30][31][32],并提出了一种固定周期条件下公共汽车优先感应信号的确定方法。提出了以乘客延误时间为计算指标,按照交叉口乘客总延误最小原则,确定交叉口各信号相位的初始绿灯时间的方法。根据检测器实时检测到的公交车辆情况,对交叉口效益指标进行判断,当优化后的效益指标较优时,对信号相位进行延长;否则,保持原有的相位信号配时方案。该成果对在我国实施公交优先控制进行了积极的探索,但它实质上并没有对公交车辆的优先资格进行适当的界定(即无条件优先),在相位最长绿灯前到达的公交车辆都要优先判断,因此这种方法应用于实际尚有局限性。

关伟、申金升等人(2001)对公交优先信号控制有效的交通流量进行了分析[33]。通过模拟实验分析发现:当包括公交车辆在内交通量小于300辆/小时·车道时,公交优先信号控制策略能显著地减少乘客的延误时间;而当交通量达到500辆/小时·车道时(公交车辆间隔为2 min、3 min),即使有公交优先信号控制策略,但无公交专用道,也不能有效减少乘客的延误时间。在其公交优先性能函数PI中考虑了乘客延误、普通车辆延误和公交时刻表延误。

$$PI = \sum_{i \in E}(\lambda_{pd}L_{pd}^i + \lambda_{vd}L_{vd}^i + \lambda_{sd}L_{sd}^i)$$

式中:λ_{pd}——公交车乘客延误的单位时间成本;

L_{pd}^i——公交车乘客延误;

λ_{vd}——普通车辆延误的单位时间成本;

L_{vd}^i——普通车辆延误;

λ_{sd}——公交时刻表延误的单位时间成本;

L_{sd}^i——公交时刻表延误。

在这种控制策略中,主要是对无公交专用道的道路条件进行了公交优先控制效果的分析,但没有明确给出优先信号的调整方法,尚难实际应用。

随后,杨晓光、阴炳成等人对公交优先系统结构、控制算法等进行了一系列研究[33][34][35]。范文毅(2000)研究了公交优先模型的建立和计算机仿真分析[36]。2003年起,东南大学王炜、季彦婕、张卫华、黄艳君等人在"十五"国家科技攻关计划"智能交通系统关键技术开发和示范工程"项目子课题"城市公共交通系统优化技术"的资助下,陆续发表了公交优先系统设计和控制的相关研究成果[37][38][39][40][41][42][43]。其研究在控制方面主要探讨了如下几个问题:

- 交叉口公交优先通行技术;
- 公交预信号相关参数计算;
- 公交相位设计;
- 以人均延误最小为目标的单点信号配时参数优化;
- 快速公交设计相关技术。

西南交通大学李书(2003)从硬件方面研究了公交优先控制的实现[44];张南(2003)研究了公交优先设计及预信号的配时[45]。

吉林大学杨兆升等人(2004)也进行了以人均延误为目标的单点交叉口信号配时方法研究[46],阐述了实施公共交通信号优先的硬件系统和具体的实现策略。为了有效地在路口信号控制系统中体现公交优先策略,在控制过程中要采用实时算法,将公交优先作为信号控制的一个函数,给出了交叉口公共交通优先策略的实时最小绿灯持续时间估计。作者在交通控制的模拟中采用了该控制策略,结果表明:公共交通优先信号控制系统的设计和实施能够提高公共交通的行驶速度和公交运行的可靠性。

2.2.5　实时优先策略研究

实时信号优先以1994年Yagar和1995年Chang,Vasudevan and Su及Lin,Liang,Schonfeld and Larson的研究为标志性开端。Yagar等人研

究的 SPPROT(Signal Priority Procedure for Optimization in Real Time)基于用户预先设定的交叉口请求绿灯事件的优先级列表运行。SPPORT 对几套信号控制方案进行评价并从中找出最符合原定事件优先级的控制方案。这种评价基于包含了一系列决策规则的专家系统进行。由于 SPPORT 基于预先设定的优先级列表寻找方案,因而其生成的方案并非最优。

Chang,Vasudevan and Su(1995)使用元胞自动机模型预测车辆行程时间、排队长度、饱和流量以及信号运行状态[47]。文中采用了一个基于车辆延误、乘客延误以及时刻表延误预测值的组合目标函数。每一秒钟对下一秒考虑所有可能的信号状态对目标函数进行优化,以选择最优的信号控制状态。值得注意的是,这一优化策略没有考虑下一秒决策对未来长期控制效果的影响,而仅仅是为下一秒作出最优决策。

Lin,Liang,Schonfeld and Larson(1995)首次将自适应的公交调度策略(Adaptive transit operation)和自适应交通控制(Adaptive signal control)同时进行应用研究。自适应调度策略包括发车控制、驻站控制和跳站控制。自适应控制通过以公交车辆延误费用、社会车辆延误费用和社会车辆停车费用组合为目标函数进行控制方案优化。研究发现,该方法能够降低公交车辆延误55%,并降低公交车辆和社会车辆总费用6%,但没有对社会车流运行效益单独评价[48]。

Alexander Skabardonis(2000)研究指出[49],优先控制长期以来被认为能提高公交运行效率、准时性,减少运营费用,增加公交吸引力和出行比例。然而,很少有在城市道路将公交优先控制与交叉口信号协调控制整合在一起的成功案例。公交优先策略的选择及其效益的发挥与下列因素有关:① 路网结构和特征;② 路网交通状态;③ 公交发车频率与运行特征。当考虑相互冲突的公交车辆在交叉口同时申请优先之后,公交优先策略变得非常复杂,不但需要决定公交车辆与社会车辆的优先状况,还要决定相互冲突的公交车的优先等级。

Peter G. Furth 等人对公交车在交叉口处的有条件优先方法进行了一系列有益的探索[50][51]，并在荷兰 Eindhoven 进行了实验。该方法主要是针对晚点运行的公交车实施信号的优先通行，而不对早到的车辆优先，以保证公交车的固有时刻表。实验的结果显示实施有条件优先控制与无优先控制相比，公交车运行的准时性得到了改善。另外，实验还对不同控制策略(无优先、绝对优先和有条件优先)条件下的各交通流进行了评价。在绝对优先条件下，除公交车外的社会车交通流延误相比无优先控制成倍的增长，但在有条件优先下却没有明显变化。

Meenakshy Vasudevan and Gang-Len Chang(2001)研究了公交优先控制功能的自适应交通控制系统框架。与 Kevin N. Balke,(2000)的研究结论相似[53]，也指出只有公交优先与信号控制系统整合为一体时才更有效；否则，不考虑公交需求优化信号配时可能会导致在提供公交优先时打断交通流。因此，理想的信号控制系统应可靠地预测实时交通状态、高效地计算干线协调绿波，并与公交优先进行整合。而这其中的关键问题有以下两点：① 在控制过程中如何整合公交优先措施而不过度打断信号的协调；② 在实时控制中，如何生成稳定的协调控制方案，以便能正确响应交通流量和到达形式的变化。Meenakchy Vasudevan, Gang-Len Chang 提出了一整套集协调控制，单点交叉口控制和公交优先控制为一体的控制系统总体框架。控制系统分为三个层次：网络控制层、交叉口控制层和公交优先控制层。在公交优先控制层中，采用有条件优先的方法，考虑了乘客延误、车辆排队长度、公交晚点情况以及协调控制的延误，并对优先申请的公交车进行了限定。随后在 Meenakchy Vasudevan 于 2005 年完成的博士论文中，对这一方法进行了更加详细的研究，并通过 CROSIM 软件进行了仿真验证分析。结果表明，该方法能够显著降低公交车辆延误的同时，对社会车辆的影响较小。

Jarkko N. 等人(2001)研究了以公交到达时刻和信号方案运行状态为

输入,优先控制策略为输出的公交优先模糊控制方法,并通过实际数据验证了其算法的有效性。

Gene M. McHale(2002)研究了紧急事件车辆优先的效益和损失情况,并研究了公交优先作为信号优先中的一种情况[54][55]。Shireen Chada,Robert Newland(2002)研究了提高公交优先控制效益的方法,在研究报告中指出:公交优先必须考虑到各个流向的优先需求,同时不会对非优先车辆带来很大影响。最有效的优先控制当是各种现有优先控制策略的整合[56]。

Hongchao Liu,Alexander Skabardonis,Wei-bin Zhang(2002)将动态交通信号优化算法应用于公交优先[57]。在模型中,车辆在交叉口处的到达模型和驶离模型都不再是常量,而都是与时间相关的变量,而公交优先请求也根据实际交通流条件给予适当的权值。这个权值主要考虑了公交车到达进口方向的交通需求和排队长度占整个交叉口的比值,以及公交车的晚点情况。实时控制中,仍是以交叉口的车辆车均延误最小为目标函数,这种方法主要的创新是对公交车的权重进行了实时的修正。

Yann Wadjas,Peter G.Furth(2003)研究了基于提前检测器和到达时间窗的公交优先控制算法[58]。研究指出,如果停靠站与交叉口距离很近,交通控制系统从检测到公交车辆时刻与公交车辆到达停车线时刻几乎重叠;如停靠站与交叉口距离很长,受停靠站到交叉口行程时间的影响,通常其提前检测时间在 20～30 秒。由于检测到公交车到达与公交车到达停车线时间间隔比较小,这限制了提供优先的程度,特别是如行人过街清空时间较大,这种限制十分明显。

Kenny Ling(2003)在其硕士论文中提出了基于 RL(再励学习或强化学习)思想的一种有条件优先控制算法,通过车头时距控制来优化公交运行状况[59]。该算法能模仿智能体,对相位组合和相位长度进行最优决策。其中,单智能体主要目标为保持恒定的车头时距,多智能体训练用于处理车辆"成串"的现象。该论文使用仿真软件 Paramics 对其算法进行了仿真分析。结果显示,与通常的有条件优先算法相比,学习了其控制算法的 SA 能有效控制车头时距的波动,同时对相交道路车辆的影响较小。

Jon Obenberger, P. E. (2001)对各种优先状态到正常信号协调状态的过渡策略进行了评价分析。然而其研究并没有得出任何一种过渡策略优于其他策略的结论[60]。

Bhuwan Bhaskar Agrawal(2002)等人对三种优先策略进行了分析[61]:

◆ 如果当前相位为公交绿灯,则延长绿灯,如果当前相位为红灯,则切换为公交绿灯,待公交车辆通过后,转入原来相序下公交绿灯的下一相位。

◆ 如果当前相位为公交绿灯,则延长绿灯,如果当前相位为红灯,则切换为公交绿灯,待公交车辆通过后,转入该周期未执行的下一相位。

◆ 如果当前相位为公交绿灯,则延长绿灯,如果当前相位为红灯,则延长红灯直到公交车辆到达交叉口(公交车辆可以在到达停车线前检测到)。

显然,该研究并未提出极具创新性的公交优先策略。该研究发现,在路网上实行公交优先,会引起车流路径选择行为的变化,即路网上的交通流会重新分配。而且上述三种策略都能够降低公交车辆在路网上的旅行时间,但优先策略并没有像想象中增加了路网社会车辆的行驶时间,而社会车辆路径选择的变化,即交通流在网络上的再分配是这种现象产生的原因。因而优先策略的效果评价必须考虑其对路网交通流的影响。研究还指出,优先控制的效益与路网中公交车辆的数量有关。

François Dion, Hesham Rakha(2002)对一个简单的优先控制策略应用仿真软件 INTEGRATION 进行了评价[62]。该策略包括绿灯延长和红灯早断策略。研究者经过仿真分析指出,简单的优先控制策略在高峰期间的效益不明显,在低峰期间效益明显。因为在低峰期间,非优先相位能够提供给优先相位充分的绿灯时间进行优先。François Dion 还做了公交优先控制评价及 SPPORT 系统中公交优先的相关研究[63][64]。

Kiel Ova,MSCE,EIT,Ayman Smadi(2002)利用 VISSIM 对公交优先在中小城市路网实施效果进行了评价分析。其仿真分析了两种策略,其一为绿灯延长,其二为红灯早断。研究发现,红灯早断策略产生的效益比绿灯延长策略产生的效益大。同时也得出了与François Dion 等人的研究相似的结论,也即公交优先在低峰期间取得的效益要比高峰期间大得多[65]。

Larry Head(2006)运用优先图描述了 Dual Ring 结构,并以此建模进行包括公交优先的信号控制方案优化。该研究最后给出了一个数值算例比较分析了其模型在处理多优先申请的优越性。但该研究提出的整数规划模型没有考虑公交优先对社会车流的可能影响。

2.3 主要控制系统中的公交优先

随着计算机技术的出现,交通信号控制也从交叉口单点控制发展到区域协调控制系统,1966 年英国交通道路研究所(TRRL)开发的离线优化交通控制软件 TRANSYT 可视为第一代的交通信号控制系统[70][71][72]。而以 SCOOT 和 SCATS 为代表的信号控制系统标志着第二代实时自适应控制系统的形成,它们主要根据实时的交通流量变化对控制方案进行调整。作为各系统重要新增功能的公共汽车交通优先控制方法已成为各系统控制的特色之一,并得到不断完善。

2.3.1 TRANSYT 中的公交优先

TRANSYT,交通网络研究方法[72][73](Traffic Network Study Tool),是 1966 年由英国 TRRL 研究所的 Robertson 提出的,是目前各国应用最为广泛的固定配时控制系统设计方法。在 TRANSYT 8.0 中为模拟公共汽车的运行情况,采用了"合用停车线"和公共汽车专用离散系数计算方法,并以乘客延误最小确定最佳的信号配时方案。英国格拉斯哥的经验证明,以乘客延误作为配时方案优化目标函数,可比传统的优化目标(以车辆延误为目标函数)所得的配时方案提高运行效率8%左右,而对其他车辆的运行几乎没有什么明显的影响。

2.3.2　SCOOT 中的公交优先

SCOOT,信号周期、绿信比、相位差优化技术[74][75][76][77][78],(Split Cycle Offset Optimization Technology),由英国 TRRL 研究所在1975年开发完成并在1981年得到了实际的应用。在3.1版本中引入了公共汽车和其他公共交通工具的主动优先控制策略,其采用被动优先与主动优先的基本模式。SCOOT 中的被动式公交优先主要是在确定相位差中考虑公交车的运行情况。主动优先则主要是通过选择式车辆检测系统(SVD)或自动车辆定位(AVL)系统对公共汽车位置进行定位,并采用绿灯延长和红灯早断的控制策略,同时以交叉口饱和度大小作为公交车辆优先的约束条件,只有在交叉口饱和度小于用户事先确定的饱和度时,才实施优先控制策略。根据在伦敦1996年实际的运行结果检验,每周期公交车延误降低了5~10秒,而其并不会对其他车流产生影响;在南安普顿(1994/1995)早晚高峰期公交车辆行程时间减少了30%以上。

2.3.3　SCATS 中的公交优先

SCATS,悉尼协调自适应控制系统[79][80](Sydney Coordinated Adaptive Traffic System),由澳大利亚道路交通局在20世纪70年代开发的控制系统。系统中对于公交优先提供了两种优先的策略:被动优先和主动优先。在被动优先中,通过有关公交车运行状况的历史数据分析是否应当进行公交优先,在这个层次中,控制的主要目标在于减少主要方向的公交车辆运行延误,它常常使用小周期、为公交车提供特殊通行相位和提供公交绿波带等方法。主动优先则是在交通流中检测公交车辆并且为它们直接调节信号灯。实际上,为了提供高质量的公交服务,主动优先通常采用以下的策略:绿灯延长、红灯早断;多相位下的特殊相位设计;压缩非公交相位以转到公交相位。在系统中通过选择式检测器对公交车辆进行定位,并作为相位绿灯时间延长、红灯时间早断调整的依据。同时,系统中也考虑到不同时间段、交叉口流量的潮汐现象和交叉口的饱和度情况下,公交优先策略的变化。

2.3.4 SPPORT 系统中的公交优先

SPPORT,实时优先信号优化进程[81][82][83][84](Signal Priority Procedure for Optimization in Real Time),是一种综合响应式信号控制与公交车流运行控制相结合的控制模式。它根据交通工程师事先定义好的优先等级表分配绿灯时间,优先级越高越有可能获得更多的绿灯时间。SPPORT 实际上并不是一种优化配时方案的算法,因此它依赖优先的等级表。虽然为开发这个模型需要大量的前期数据调查,但其控制策略和配时方法是非常有效的。根据最近的研究表明,通过这种方法公交车延误时间减少了 55%,公交车和其他车辆运行总油耗减少 6%,但缺少对非公交车的影响进行分析。

在控制策略上,SPPORT 能够:① 考虑一段时间内的情况而不是一个特殊时间点上的情况;② 构造了 12 个优先级(包括排队长度、排队的服务状况、路面公交电车的上下客情况、公交汽车上下客情况、紧急车辆和最大绿灯时间),并且开发了用于评价的时间权重优先级;③ 通过计算不同进口道实时交通数据,使用效益/费用来比较优先情况。

在配时方法上,若在时间 T_1 到 T_2 的优先级为 P,那么时间权重优先级就是 $(T_2-T_1)P$。因此,决策函数 TWP 为

$$TWP = \sum_{i=1}^{N_g}(TWP_g) - \sum_{i=1}^{N_r}(TWP_r)$$

式中：N_g——绿灯交叉口进口道数；

N_r——红灯交叉口进口道数；

TWP_g——绿灯交叉口进口道的时间权重优先级；

TWP_r——红灯交叉口进口道的时间权重优先级。

如果 TWP 值等于或是大于 1.0,则相位不会转变。否则,就开始转变。

然而,在这个模型中仍然存在一些问题,例如它缺少动态不确定交通流的预测,存在优化算法中延长时间的计算,以及在我国实际交通流条件下的适应性等问题。

2.3.5　RHODES 系统中的公交优先

RHODES,有效的实时分级分布式最优化系统[85][86][87][88][89][90](Real-time, Hierarchical, Optimized, Distributed, and Effective System),是由美国亚利桑那州立大学开发的交通自适应信号控制系统,其通过"BUSBAND"优先模块对公交车实施了优先控制。在优先模型中,假定公交车位置及乘客数可以实时的统计,这样根据乘客数 n_i 以及公交车晚点情况 d_i 给予公交车优先不同的权重。

公交车的权重 w_i 为

$$w_i = n_i(1 + f_i)$$

式中,公交车晚点因素 f_i 具体含义为：$f_i = 0$,如果 $d_i \leqslant 0$, $f_i = Kd_i$；如果 $d_i > 0$,K 为常数。

2.3.6　其他主要控制系统中的公交优先

UTOPIA,综合自动城市交通优化技术[11][91](Urban Traffic Optimization

by Integrated Automation),最初是由意大利 Fiat 研究中心开发并在多伦多和都灵进行了实地的应用检验。它是一种在对小汽车控制中考虑公共交通运行情况的分布式交通自适应控制系统,在交叉口处为公交车提供了绝对的通行优先。实验结果表明:与传统控制方法相比,UTOPIA 可以使公交车和小汽车速度提高 15%～20%。

PRODYN,是一种与 UTOPIA 相近的分布式控制系统[92][93][94]。在最初的 PRODYN 版本中,其对公交优先的考虑主要是将公交车等同于几辆小汽车,通过这种方法,公交车的行程时间降低了 10%。最近,开发出了精确的公交运行模型,控制的总体目标是使交叉口的总延误最小。评价的结果显示在不增加社会车流延误的前提下,公交车行程时间减少了 15%。

国外对于实时公交优先的研究已经从无条件优先发展到考虑公交车运行时刻表或保证公交车正常间隔的有条件优先问题研究,绝大部分方法经过计算机仿真或是实际运行检验,其结果证明公交优先控制在一定交通流量条件下是可以得到相当大的交通效益的。这些研究基本上都是集中在对优先约束条件的改进,而对控制方案的调整却没能给出基本的原则和方法。

UTCS/BPS,城市交通控制系统/公交优先系统[95][96][97](Urban Traffic Control Systems Bus Priority System),是由美国联邦道路委员会开发的中心控制系统。该系统包括两种控制策略:一种是在不影响其他车辆的前提下尽量减小延误增大以人为单位的通过量;另外一种是对第一种策略的修正,对申请优先通行的公共汽车资格重新界定。

在第一种控制模式中,如果检测到一辆公交车需要延长 10 s 绿灯时间,此时这辆公交车被认为具有优先的资格,然后计算交叉口总体效益。系统中假定 2 min 是交叉口效益的衡量指标,如果交叉口效益大于等于 2 min,则延长绿灯时间。

第二种策略主要是对第一种策略中的不足进行了相关的修正。在绿灯期间,当公交车到达交叉口上游检测器而无法正常通过交叉口时,自动将相位绿灯时间延长;而在红灯期间,当满足次要道路的最小绿灯时长后,可以提前中断相位红灯时间。

2.4 综合评述

2.4.1 主要成果及研究趋势分析

从优先控制策略的发展上看,公交优先控制在40年左右的研究历程中,从单点优先发展到沿线和网络上的优先;从无条件优先发展到有条件优先;从不考虑对社会车辆的影响发展到综合考虑对社会车辆的影响;从被动优先到主动优先又发展到实时优先。

从公交优先控制与自适应交通控制系统的关系上看,越来越多的研究者意识到,早期仅仅考虑公交车辆需求而不考虑社会车辆的控制策略存在较大缺陷。Alexander Skabardonis(2000)指出,从系统的角度上看,无论是公交优先控制还是常规的信号控制,其目标都在于提高交通系统的运输效率。只有将公交优先控制与常规的信号控制整合在一起,才能更好地实现交通信号控制系统的目标。

从研究方法上看,公交优先控制的研究方法主要集中在两个方面,其一为仿真研究,其二为实证研究。由于实际数据的获得难度较大,因而大多研究均应用仿真工具,以期获得对所提策略和方法的验证。

从研究范围上看,早期的研究大多为针对单个交叉口的信号优先策略研究,后来逐渐发展到考虑背景交通信号协调后的沿线公交优先。2000年前后,开始有学者研究在网络中的某些道路实施公交优先后,公交优先反过来对交通网络的影响。研究结果表明,信号优先会引起网络上交通流的再分配。这一研究尚处于初始阶段。公交优先对路网交通流路径选择的影响程度,对公交优先的效益的分析有重要的帮助。本书侧重于控制策略的研究,不对此进行深入讨论。

从优先控制的实践来看,尽管欧洲从 20 世纪 60 年代,美国从 20 世纪 70 年代开始就进行了公交优先控制的研究与实践,但正如 Christopher Dickerson Hunter(2000)博士所言,早期的实践项目大都难以为继。其主要原因在于优先控制系统难以产生对总体交通状况运行有利的结果。另外,公交车辆检测技术的落后和控制算法内在的不足也是原因之一。随着车辆检测、通信及信号控制的相关技术的进步,公交优先控制的实践才得以进一步发展。

2.4.2　主要的研究缺陷与待研究的问题

毋庸讳言,公交优先控制的研究取得了众多非常有意义的研究成果。特别是在在提高公交行程车速、降低车辆延误方面,取得较大的成功。然而,尚有如下许多问题未能得到较好的解决。

(1) 优先控制的效益随横向道路交通需求变化而变化。在流量较低时,对横向道路的延误影响较少,但随着饱和度的上升,这种影响逐渐加剧,目前的研究成果,对缓解这一影响缺乏有效的手段。

(2) 包括许多最新的研究成果在内,大都提出了公交优先后,利用没有优先申请的空挡进行信号控制方案的恢复。然而,当公交车流量较大时(这种情况在我国比较普遍),几乎每个周期都会有优先申请。在这种情况下,必须寻找其他有效的策略来避免公交优先对背景交通信号控制方案产生较大的影响。

(3) 公交优先可能打断车流的协调。信号协调的打断,导致公交优先不仅不利于非公交相位车流,对能够同时得到优先的同相位社会车流对主向社会车流也将产生不利影响。流量较大时,信号协调控制比公交优先更有利于整个交通运行效益。而背景交通的信号协调在有些情况下是非常重要的。

(4) 多数已有研究中通常假设仅在主要道路主要流向有公交车。对如何解决相互冲突的相位同时发出公交优先申请的情形,缺乏有效的策略。而在公交网络较复杂,流量较大的情况下(这种情况在我国也较为普遍),出现冲突相位同时(近似同时)申请优先的情形极为普遍。

(5) 在考虑为公交车辆提供优先时,没有考虑公交车辆到达后续交叉口时,相应交叉口的信号状态以及可采用的优先控制方法。也就是说,没有考虑在协调控制路网中的,相邻交叉口公交优先策略的协调。

(6) 几乎所有的优先控制策略,包括相对优先策略,都以降低公交延误为目标(相对优先多以时刻表的偏移作为依据),而忽略了对"早到"公交车辆的控制策略。而对于公交系统而言,早到的车辆与晚到的车辆同样不利于系统可靠的运行。

(7) 在多数的优先控制系统中,公交车辆的检测器与交叉口停车线的距离较近,这限制了优先策略优化和选择的灵活性。

(8) 有较多的研究和控制系统采用人均延误或类似的 PI(Performance Index)为目标进行信号控制的优化。这种策略的优势在于其能够寻找到特定目标下的全局最优解。然而这一类模型对数据的准确性,或者说是车辆运行状态预测模型的精度依赖程度较高。在交通运行状态(包括公交车流和社会车流)运行可靠性不高的情况下,这一类策略很难避免会出现偏差。同时 Peter. G. Furth(2004)也指出,以人均延误为目标进行公交优先,有重要的缺陷。

2.4.3 相关研究与本书研究对比

表 2-2 列出了国内外相关研究在研究的内容上与本书研究的对比。与本书的在线策略与离线策略并重相比,国内外的研究对离线策略关注较少。而在公交流量大,公交和道路网络复杂等情形下,离线策略有重

要的价值,这在为数不多的国外研究中已经指出。同时,本书的研究内容中重点关注了相关研究较少但对控制策略的实现有重要意义的内容,如离线优先、优先策略协调、多申请排序、控制调度策略协调等;对如预信号、临时专用道及信号等已经有较多成果的研究,以及优先策略对路网交通流影响评价等较前沿但缺乏数据和研究条件的内容,本书未涉及。

表 2-2 本书研究内容与国内外研究对比

	研 究 内 容	国内研究水平	国外研究水平	本 书
离线优先策略	控制参数确定	很少研究	很少研究	深入研究
	控制流程	很少研究	很少研究	深入研究
	评价分析	很少研究	很少研究	深入研究
在线优先策略	系统结构	很少研究	深入研究	深入研究
	控制逻辑	很少研究	深入研究	深入研究
	预信号	深入研究	深入研究	未研究
	临时性专用道及信号	很少研究	深入研究	未研究
	优化控制模型算法	一般研究	正在进行	深入研究
	补偿策略	尚未研究	正在进行	未研究
	多申请排序	尚未研究	很少研究	深入研究
	确保背景信号协调	一般研究	一般研究	一般研究
	优先策略协调	尚未研究	很少研究	深入研究
	控制调度策略协调	尚未研究	很少研究	深入研究
	影响评价分析	尚未研究	很少研究	未研究

表 2-3 列出了本书研究定位与国内外相关研究的对比。可以看出,本书在控制对象、控制目标、控制方法上与前人研究都有明显的特点,本书将

进一步丰富公交优先控制理论,并扩大公交优先控制的适用范围。

表 2-3 本书研究方向与国内外研究对比

类别	国内	国外	本书
控制对象	单点交叉口	单点交叉口居多	交叉口群
控制目标	人均延误居多	人均延误、PI值	运行偏差
优先条件	无条件居多	无条件、晚点	状态偏移值(正负)
控制策略	实时优先	在线策略(主动优先、实时优先)	离线与在线结合
优化范围	信号	信号	信号、调度与设计
分析工具	仿真、算例	仿真、实证、算例	仿真、算例
实现程度	模型	模型算法	模型、软件

第3章
公交优先控制系统原型设计

公交优先控制面向的是一个由公交系统和社会交通系统构成的复杂系统,这决定了控制对象和控制系统本身的复杂性。本章基于对公交优先控制目标、基本要素和控制对象特征的分析,结合上一章的文献综述分析结果,设计了基于交叉口群的优先控制系统原型结构,提出了公交控制与调度协调,离线策略与在线策略结合及系统协调与单点感应互补的公交优先控制思想。给出了这一原型各层次和各构成部分的相互关系和系统的运行逻辑。

3.1 公交优先控制的目标

3.1.1 公交优先控制的本源目标

从本源上分析,信号优先本身是一种提高交通系统运输效率的途径,其最终目标为实现客流更高效的运输,完成公交系统调度与运营目标。信号优先的主要意义在于提高公交系统的服务水平,使其接近甚至超过私人交通方式的服务水平,促进交通方式向公共交通转移,实现交通需求管理的目标。

从哲学角度分析，在机动化快速发展的背景下，优先发展公共交通是"以人为本"思想的体现。"以人为本"是西方兴起的一种现代人文主义思潮，它把人的存在提高到本体高度，主张建立以人为中心的本体论，竭力排斥对人作自然主义和理性主义的解释。认为人即孤立的人，其真实的存在及本质是情感意志和心理体验，是超出物质和精神意识存在之外的[98]。它表现在：① 排斥以自然为本体，倡导以人为本体；② 反对对人作本质共性的探讨，人学研究上强调个体；③ 排斥理性至上，注重非理性。优先发展公共交通，其目标在于为出行者提供综合品质更高的交通方式，促使其源于自身的体验和价值判断选择公共交通，实现个体和整体同时达到最优。

3.1.2 公交优先控制的应用目标

从短期交通管理上分析，信号优先应在公交车辆和背景交通之间进行优先权的平衡，并寻找最优的控制策略。在给予公交系统优先的同时，同样需要保证社会车流以一定的服务水平运行，避免背景交通服务水平大幅下降甚至发生交通拥挤。社会交通和公共交通优先权的平衡是影响公交优先可持续的关键要素，这一问题缺乏有效的应对策略，是造成公交优先的研究和实践在20世纪末陷入暂时低潮的原因之一；众多公交优先控制策略的研究重点也是围绕如何解决这一问题展开的。

3.1.3 公交系统运行目标

公交车辆运行过程中，除了快速之外，公交系统还期望实现两个主要目标：公交车辆按均衡间隔运行和按照时刻表准点运行。快速是运营效率的直接体现，而车头时距的均匀程度和准点率则是衡量系统可靠性的主要指标。显而易见，高可靠性的公交系统，能够显著降低乘客的等车时间。Solomon，Henderson，Han等人的研究指出，对公交乘客心理感受而言，等车时间要比乘车时间长得多。这从另一个方面说明了可靠性对系统服务水平的重要影响。虽然早期的信号优先策略的主要目标在于降低公交车辆延误,但随着研究的深入,逐渐发现,以提高可靠性并兼顾快速为目标对提高系统的服务水平更加有效。

3.2 公交优先控制系统的基本要素

3.2.1 优先控制系统与经典控制系统的类比

控制系统须具备三种基本功能,即测量、计算和执行。典型的自动控制系统如图3-1所示。同时,被控量应具有受控制作用下在有限时间间隔内从任意初始状态向任意希望状态转移的能力。

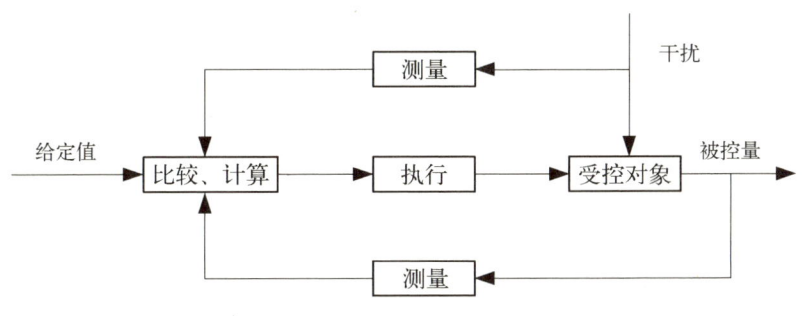

图3-1 自动控制系统方框图

对应于自动控制系统的控制过程,可以画出信号优先控制系统的方框图,见图3-2。

相对于控制系统的测量模块,交通状态的检测与预测承担了公交优先控制系统信息采集、通信和交通状态预测的功能。在获得足够的信息后,在给定的控制任务与目标的指导下,控制系统生成最佳的控制策略(相当于"比较、计算"模块),然后通过控制软件和设备改变交通控制方案,对交通流进行控制(相当于"执行"模块)。根据执行效果的,控制系统进一步调整与优化。

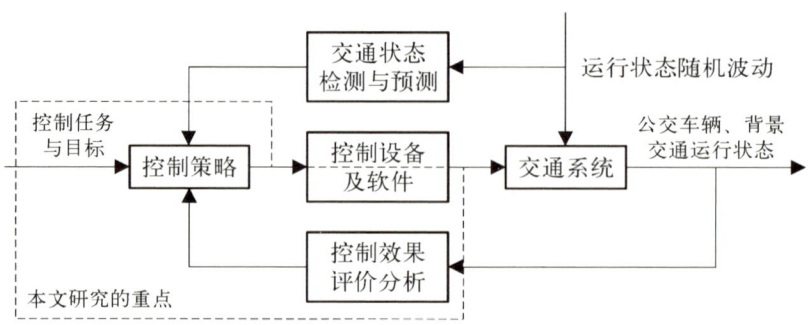

图 3-2　信号优先控制系统方框图

3.2.2　公交优先控制系统的基本组成模块

对比图 3-1 和图 3-2，公交优先控制系统应由以下四个基本部分组成。

（1）控制策略与算法。能够在满足实时性约束的前提下，生成优秀的控制方案，并能够根据方案执行的效果，对控制策略进一步改进，形成闭环反馈。这包括了控制系统的"目标给定"—"比较、计算"—"执行（软件部分）"—"测量（效果）"几部分。可以进一步明确为如下几个问题：

① 如何根据获得的实时的交通状态信息确定合理的"目标给定值"？

② 如何通过"比较、计算"生成最优的控制策略？

③ 如何在满足实时性要求的前提下实现控制方案的"执行"？

④ 如何根据控制效果的"测量"进行控制策略的反馈与调整？

（2）可以控制的交通系统（控制对象）。交通系统具备良好的可控性是公交优先控制乃至城市交通控制得以实现的前提。从控制论的角度，可控性是表明系统具有受控制作用下在有限时间间隔内从任意初始状态向任意希望状态转移的能力。这种可控性的要求不但适用于公交系统，也适用于社会交通系统。整体具备良好的可控性，是进行优先控制的基本条件。本书不研究提高交通系统可控性的相关理论与技术，仅将其作为控制对象进行必要的分析，并在后续的控制策略研究中，均假定控制对象具备良好的可控性。

（3）信息检测和通信系统。能够实时地检测公交系统和社会车流的运行状态，并及时传输到控制策略与算法模块。本书不研究具体的检测与通信技术，仅根据控制策略提出具体的信息需求，并假定这些需求均能满足。

（4）信号控制软件与设备。这是信号控制得以实施的基本条件和工具。从系统的角度上讲，公交优先控制软件是整个自适应交通控制软件的一部分，并不能单独运行。本书仅将所提出的优先控制策略进行了软件实现，并在仿真数据的基础上进行测试分析。

从本质上讲，在上述四个构成部分中，优先控制的对象——交通系统是所有控制需求产生的根源，并决定了控制系统需要考虑的主要因素。本书以下首先进行控制对象特征的分析，以期能够提出更趋合理的控制系统结构，并发展出合适的控制策略与算法。

3.2.3 优先控制系统与城市交通控制系统的关系

Alexander(2000)指出，从哲学关系上分析，公交优先控制系统必须作为城市交通控制系统的一部分，而不能独立其外。从管理者的角度，公交优先控制与城市交通系统控制的最终目标是统一的；而从现实角度，公交车辆与社会车辆在同一网络上运行，控制策略的调整，都会同时影响到两类交通流。优先控制系统与城市交通控制系统之间的这种关系，决定了优先控制系统的研究，首先必须处理好与两种控制策略之间的关系。

3.3　公交优先控制对象特征

公交优先控制作为整个控制系统的一部分,优先控制策略的调整必然会影响相应的社会交通流。因而,整个交通流都应该作为优先控制的对象。除公共交通流和社会交通流之外,公交乘客过街交通流(含慢行过街交通流)也必须考虑在内。

3.3.1　社会交通流特征分析

本书并不详细研究社会交通流的特征,仅重点分析与公交优先密切相关的两个主要特征。

1) 交通流受网络信号协调的影响较大

一方面,城市路网的尺度决定了网络交通流的运行状况,不仅仅受单个交叉口的影响,还要受到网络信号协调效果的影响。相关的研究报告指出,特别是在高峰时段,信号协调的效果更加明显。在许多城市,交叉口间距较小,短连线交叉口群比较普遍,这进一步强化了信号协调的重要性。

2) 社会车流和公交车流的拥挤区域和时段重合

在我国,特别是公交车流量大的区域,同时也是社会交通流拥挤的区域。这一特征对优先控制策略的实施有非常重要的影响。一般而言,社会交通流饱和度较低的情况下,公交优先较容易实现,而社会车流饱和度较高时,则很难为公交车辆提供优先权;同时,公交车辆流量较大的时段,也是优先需求较大,优先效果较明显的时段。然而,社会车流与公交车流拥挤区域与时段相重合的这一特征,决定了社会车流的需求和公交车流的优先需求重合,控制策略必须在二者的博弈中寻求平衡和最优化。

3.3.2 公共交通流特征分析

1) 公交车流运行的规律性及前后车辆的关联性

公交车辆与社会车辆明显的区别之一在于每一线路的公交车辆都以预先设定的规律进入交通网络,并在固定的位置(公交停靠站)停靠。在车辆全线运行过程中,保持这种规律性无论是对提升公交系统运行效率和可靠性还是降低公交出行者的延误,都十分有利。而一旦其中一辆车的运行规律遭到破坏,则会引起系统的连锁反应,即使不再受到外界干扰,系统运行的紊乱程度也会在一连串的相互作用中加剧。如图 3-3 所示,同一线路的三辆车,Bus1 准点运行,Bus2 因某种原因晚点之后,到达后续站点时,与前车(Bus1)的间隔比正常的时间大,相应的上下客时间增多,出站时与前车(Bus1)的车头时距进一步增加。与此同时,由于晚点,Bus2 与后车(Bus3)的车头时距变小,后车到达下游站点时,与 Bus2 的间隔比正常间隔小,相应的上下客时间也减少,出站时与 Bus2 的间距则进一步缩小,若干站后将与 Bus2 形成"串车"。显然,在发车频率比较高的线路,这种系统运行偏差的放大效应会特别明显。

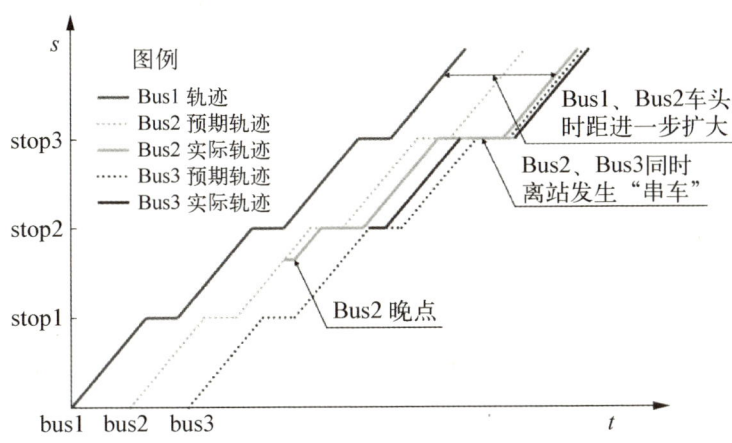

图 3-3 车辆运行状态相互影响示意图

在传统的公交优先控制研究中,优先控制算法更趋向于将公交车辆作为离散的控制对象进行控制,对公交车辆本身的运行特性的考虑较少。

2) 公交车流受到双重控制

公交系统与社会车辆的另一个明显区别在于公交车辆不但受交通信号控制,还受到智能调度系统的监控和调度。随着ITS技术的发展,智能调度系统的功能越来越强大,对公交车辆实时事件的响应也越来越及时和有效。传统的公交优先控制系统研究和实践都明显缺乏与公交车辆调度系统分工和协作。然而,控制系统和调度系统策略的协调又是非常重要的,如图3-4所示。当车辆提前到达某一停靠站之后,根据动态调度的策略,应对该车辆进行驻站控制,如图3-4中的车辆轨迹3。而受到驻站控制的车辆在到达下游交叉口(图3-4中的交叉口2)时恰好遇到红灯,根据信号控制系统的要求,又必须对该车辆提供信号优先;如果在上游停靠站不进行驻站控制(如图轨迹1),或者对驻站时间进行调整(如图轨迹2),则车辆在下游交叉口能在绿灯相位内通过,不必再提出优先申请。显然,调度策略可能会"制造"出车辆在下游交叉口的优先需求。反之,如果得到信号优先的车辆在下游停靠站必须进行驻站控制,则相当于信号优先控制系统"制造"了动态调度的需求。因而,必须对二者的策略进行协调。

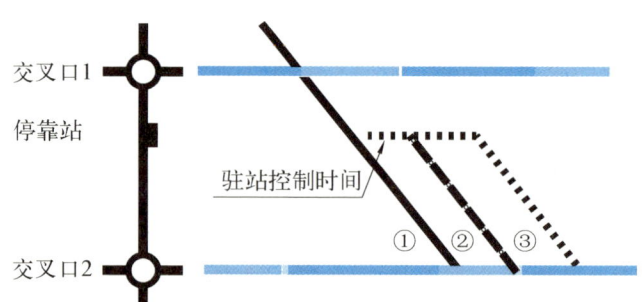

图3-4 动态调度与信号控制策略相互影响示意图

3) 以我国为代表的一类公交车流的特点

面向交通控制系统,我国公交系统有如下几个与国外(如美国)不同的显著特点,这些特点在北京、上海等大车城市表现得尤为突出。

① 公交流量大,网络复杂。根据 2005 年上海在设置公交专用道备选道路的抽样调查数据,有近 48% 的道路公交流量占道路流量比例的 12% 以上。而根据北京白颐路的调查,公交线路重复系数高达 20。② 发车间隔多样,高峰发车密集。在高峰期间,繁忙的线路公交发车频率约 2 分钟。而旅游线路、郊区线路等,发车频率可能高于 30 分钟。③ 公交车辆运行速度低、可靠性差。我国现阶段绝大部分城市公共交通没有对外公布运行时刻表,公交车辆的运行状态极不稳定。根据北京的调查,高峰期间,约 2 分钟的发车频率下,前后车辆间隔差距可达 14 分钟(阴炳成,2003)[100]。

这几个显著特点决定了公交优先控制系统需具备应对大量、多方向、多等级优先申请的能力,并须考虑同时提高系统运行速度和运行可靠性。

3.3.3 公交乘客过街交通流特征分析

对于乘客而言,Solomon,Henderson,Han 等人研究发现步行集散和等车的时间流逝比在公交车上的时间慢得多。停靠站点附近的过街是公交客流(包括换乘客流和步行集散的客流)集散过程中大都必须经历的一个环节。有大容量的公交车辆停靠,往往会对过街交通造成两个主要影响。

(1) 过街交通平均流量较大。过街设施既服务于通过性的人流,又服务于公交上下客流。这导致过街需求的总量与无站点相比有明显增加。

(2) 脉冲式的过街需求。公交车辆,特别是大容量的公交车辆的到达往往带来短时间大量的过街交通。当乘客驻足空间有限时,这些过街需求必须得到快速的疏散。

3.4　基于交叉口群的优先控制系统原型

无论是从公交优先策略本身的效率发挥的角度,还是从优先控制策略与背景交通策略协调的角度,以单个交叉口为控制目标都存在着较大的缺陷,甚至难以在实践中应用。面向社会车辆的交叉口群控制思想的优越性,已经有许多研究和分析[101]。本书将信号优先控制对象扩展为协调控制的交叉口群之后,可以有效解决如下问题:

(1) 保持社会车流信号的协调。特别是在交通需求较大,道路网络密集时,信号协调对维持网络交通流顺畅运行至关重要,显然基于单个交叉口的优先策略难以实现这一功能。

(2) 实现公交优先策略的协调。单个交叉口的优先策略简单叠加,可能会造成优先效果的相互抵消(在第5章详细讨论这一问题)。而基于交叉口群的控制策略的优势之一就是能够有效协调各个交叉口的优先策略。

(3) 进行公交优先程度的分配。对于许多关键交叉口,特别是在高峰时段(高峰时段同时也是公交车辆最需要优先的时段),将很难实现公交车辆的优先,并进而影响公交车辆在相关联交叉口的运行状态(如"串车"等)。同时,不同的情形下,相邻交叉口的交通需求分布也不尽相同。基于交叉口群的优先策略能够根据各个交叉口的需求分布和公交优先的需求分布情况,进行优先程度的最佳分配。

(4) 降低控制优化复杂度,提高实时性。基于交叉口群的优先策略针对关联性密切的有限的几个交叉口进行优化,相比全线的集中式优化而言,降低了系统的复杂程度,提高了优化的实时性。

3.4.1 优先控制系统的逻辑结构

在用户与实际的交通状态之间,建立以交叉口群协调控制为核心的公交优先控制系统三层结构,如图3-5所示。交叉口群控制层以上为网络控制层,以下为单点控制层。这一分层结构与基于交叉口群的城市交通自适应控制系统的架构是基本吻合[101],各层的功能分述如下。

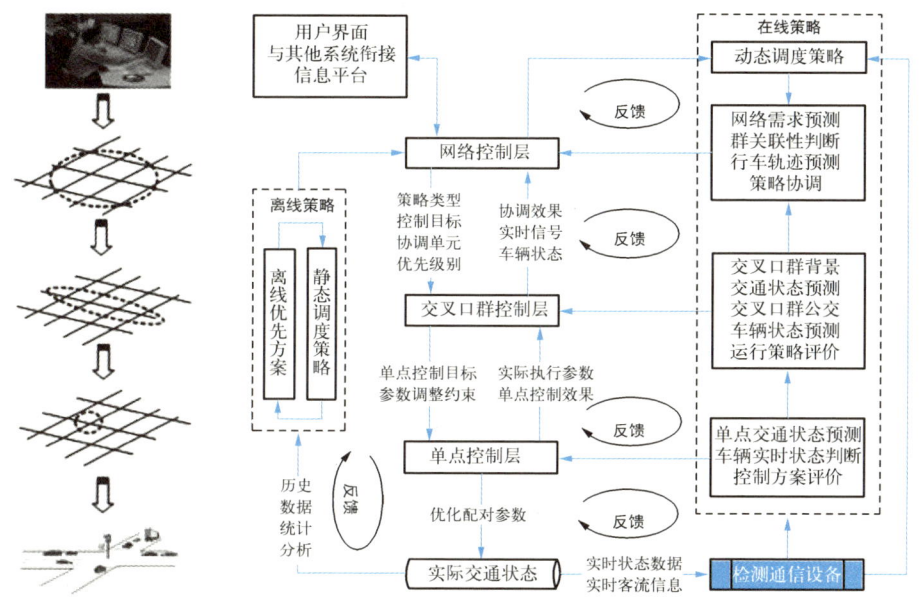

图3-5 公交优先控制系统结构

网络控制层:处于控制系统的顶端,一个网络控制层可能包含若干个交叉口群。一方面,与客户端及其他系统进行信息和数据的交换;另一方面,承担着网络交通状态预测,交叉口群动态化分以及网络控制策略选择控制目标确定等功能。本书并不深入研究网络控制层的相关策略与模型,仅假定交叉口群层已经从网络控制层获得了足够的信息,在此基础上进行信号控制策略的优化。

交叉口群协调控制层:在本书中,交叉口群被定义为优先控制的基本单元。其基本功能为根据既定的控制目标,协调群内交叉口间的优先控制策略,并实现优先控制策略与运营调度策略的组合优化。

单点控制层:单点控制层为交叉口群协调控制层的补充。其主要功能为根据实时运行的交通状态数据调整信号协调方案,使得控制方案在协调策略的基础上更加趋于最优化。

本书的重点集中在交叉口群控制层和单点控制层,研究内容之间的逻辑关系细化如图3-6所示。

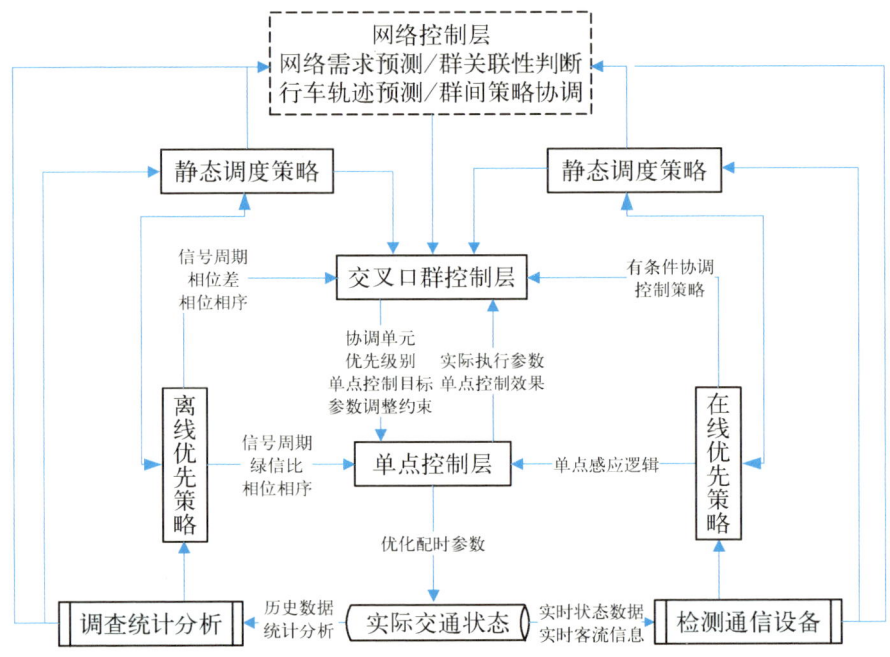

图3-6 交叉口群及单点控制层的运行逻辑

3.4.2 优先控制系统的核心思想

1) 离线优先策略与在线优先策略结合

在公交流量大、线路发车频率高的情况下,离线优先与在线优先的相互协调显得尤为重要。建立在统计信息上的离线优先方案和建立在实时信息上的在线优先方案,具有良好的互补关系,见图 3-7。

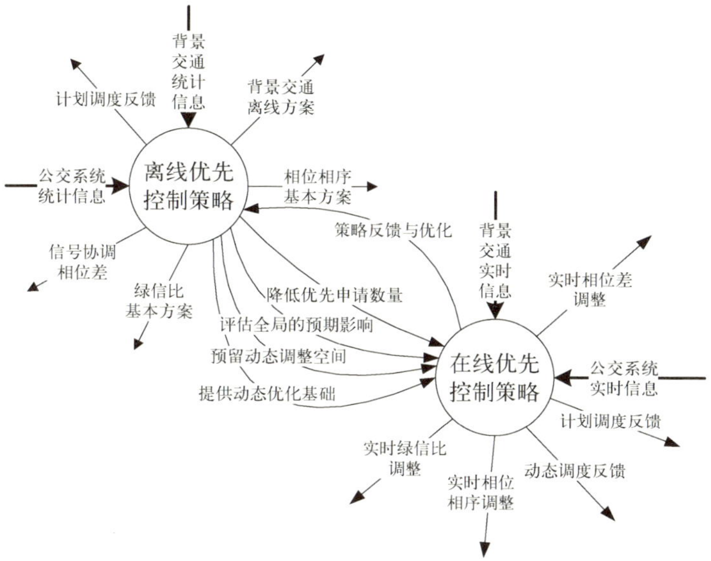

图 3-7 离线优先策略与在线优先策略的协调逻辑

离线优先利用统计数据,通过考虑公交车辆特征,在离线方案中给公交以优先权。其优势在于可以通过对总体交通网络特征(道路网络拓扑、公交线路、交通流运行状态)进行综合分析,确定公交优先策略及优先程度,并能够综合时间资源、空间资源,结合公交调度信息,进行结构性的调整与优化。其缺点在于无法考虑公交车辆实际运行状态的随机性及单个车辆优先的必要性。离线优先与在线优先的结合能相互弥补缺点,使得整个系统的运行效果得到优化。

2) 系统协调和单点感应互补

系统协调控制和单点控制构成在线优先控制的两个主要的优化环节。系统协调控制描绘公交在协调控制系统中运行的时空轨迹,以整个系统各交叉口信号配时为优化对象完成优化;但其不能够有效应实时对公交车辆运行状态波动的情形。单点感应控制基于公交车辆的实时信息和系统协调控制的要求,为公交车辆提供实时优先,具有较好的适应性和灵活性,恰恰弥补了系统协调的缺点。为避免对协调方案产生过大影响，单点感应在通常情况下仅对信号控制战术参数进行调整（绿信比和相位相序）二者的协调逻辑见图3-8。

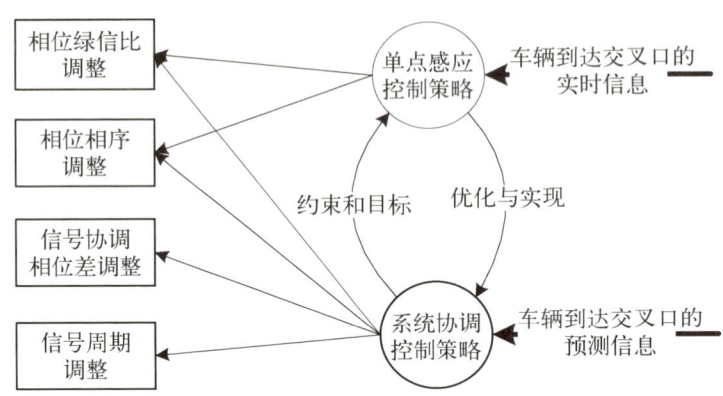

图3-8　系统协调控制策略与单点感应控制策略的协调逻辑

3）优先控制与调度策略协调

信号优先与公交运营调度同属于ATPS框架下的车队管理部分。虽然二者分属于公交运营管理部门和交通管理部门，但其最终目的都是为了应对车队运行中的不稳定情况，增强公交系统的可靠度，进而提高公交系统的运输效率和服务水平。信号控制分离线优先控制策略、在线优先控制策略与背景交通实时控制策略三部分，运营调度分计划调度和动态调度两部分。离线优先控制策略、背景交通实时控制策略、在线优先控制策略、计划调度方案和动态调度策略五者之间的互动和反馈构成了信号优先系统优化的整个过程，见图3-9。离线优先与计划调度方案的互动优化最终体现在离线控制策略上，而在线优先、动态调度和背景交通控制方案的组合优化结果最终体现在在线控制策略上。本书重点研究的内容为离线优先控制方案、在线优先控制方案及其与背景交通实时控制策略、调度系统的优化策略的互动关系，对背景交通实时控制策略、调度系统的优化策略不做深入研究。

第 3 章 公交优先控制系统原型设计

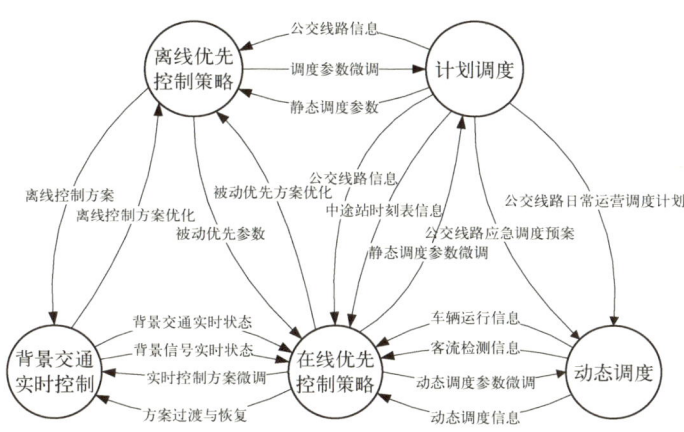

图 3-9 信号优先系统逻辑框架

3.4.3 优先控制策略优化流程

信号优先策略在与调度策略及背景交通控制互动过程中生成。同时需要背景交通和公共交通的统计信息和实时信息,见图 3-10。根据背景

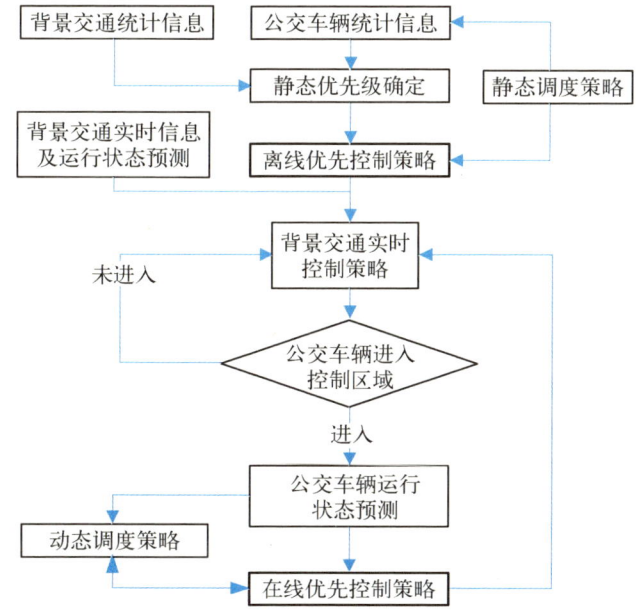

图 3-10 信号优先方案生成逻辑流程

交通和公交车辆统计信息和静态调度策略,生成离线优先方案。在离线优先方案和背景交通实时控制策略的基础上,根据公交车辆的实时运行状态和动态调度策略,生成在线优先控制策略。

本书第 4 章、第 5 章分别为离线控制策略和在线控制策略部分。将控制策略与调度策略的协调部分单独进行研究,作为第 6 章的主要内容。

第 4 章
离线公交优先控制策略

离线公交优先控制策略建立在统计数据的基础上。通过考虑公交车流与社会车流运行特性(流量变化、速度、停靠)的不同,在交通控制的离线方案中为公交提供优先。离线控制策略可以较好地把握公交车辆在整个控制区域内的统计运行情况,并能对控制区域内的道路网络和公交网络拓扑结构,公交车流和背景交通流的统计规律进行综合分析,且可以把道路空间资源的优化纳入时空一体化的优化过程中。离线控制策略是后续在线控制策略的基础和前提,因而,在离线控制参数的优化过程中,还需考虑为后续的在线控制策略的调整和优化预留充分的空间。

4.1 离线优先策略的目标与任务

4.1.1 离线优先策略的主要任务

1) 相对于未考虑信号优先的情形而言,信号优先策略的引入必然会导致社会车流和公交车流运行效益的重新分配。因而,如何平衡社会车流与公交车流的时空资源和运行效率,始终是公交优先策略必须处理的任务。

2) 预留在线调整的实施空间；根据第 3 章的基本思想，离线优先策略是后续的在线优先策略的基础。因而，离线方案必须考虑到在线调整的可行性。

4.1.2　离线优先策略的目标

离线优先控制策略的目标可定义为：提高公交系统的运行速度。离线控制方案中，社会交通与公共交通共同优化，优化的结果满足社会车流的服务水平要求，同时实现公交车辆的延误最小等。

4.2　离线优先策略总体优化逻辑

4.2.1　基于公交优先的信号配时参数优化

离线控制策略要求在制定交通控制方案时兼顾公交车的运行情，主要由如下四个信号配时参数的优化构成。

信号周期：在交叉口背景交通饱和度满足要求的前提下，采用短周期可以减小公交车辆统计平均延误及缩短排队长度。但过短的信号周期又会影响在线优先的可实施性。同时，信号协调控制要求协调控制范围内交叉口的信号周期满足一定的关系。

相位相序：减少相位数，可以改善交叉口的通行效率，降低公交车辆的统计延误。合理的设计相位相序，可以减小绿间隔时间。

绿信比：在初始绿信比分配中，考虑整个交叉口的时空资源的互动关系，利用"以空间换时间"的思想，为公交通行相位提供更多的绿信比。

相位差：相位差是信号协调的关键参数。在确定相位差时考虑公交车辆运行特性，以求为公交系统一定程度的绿波信号。同时，公交运行状态

第 4 章 离线公交优先控制策略

波动对协调效果的影响进行分析。

4.2.2 离线控制策略总体优化逻辑

离线策略建立在统计信息的基础上,包括公交车流和社会车流的统计信息、交叉口群的网络结构以及公交线路的分布特征。在此基础上,进行信号周期、相位相序、绿信比及相位差的优化。

离线优先策略制定的过程也是离线社会车流控制策略生成的过程。因而,在各个参数的优化过程中,社会车流的运行效益也必须考虑在内。由于信号控制参数之间的耦合关系,信号周期、绿信比、相位相序和相位差的优化过程是相互关联的;本章对各个参数分别建模过程中,对相关联的其他参数进行了假定。最优控制方案的生成,须根据各个模型求解的结果进行调整和重复寻优,如图 4-1 所示。此外,本章假定进行优化的交叉口群以及确定,不研究划分交叉口群的具体方法。

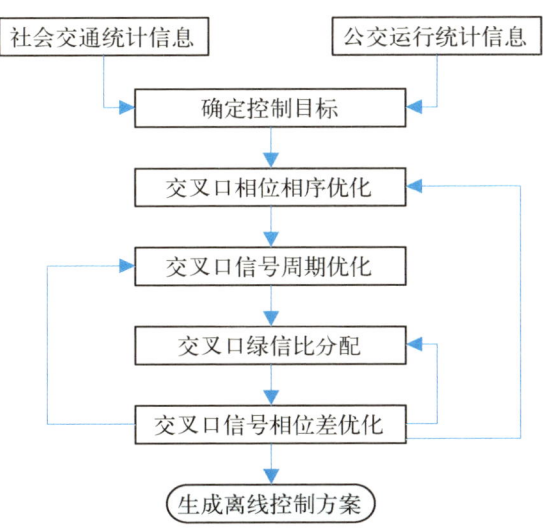

图 4-1 离线公交优先策略生成逻辑

4.3 信号周期优化模型

4.3.1 信号周期优化的基本考虑

考虑公交优先后,最佳信号周期的确定是离线优先策略研究的主要内容之一。相关研究认为,小周期利于公交优先。主要因为在离线方案的角度,从长时间的统计分析上看,小周期下公交车辆的平均延误要小于大周期下的延误[104][105]。同时,由于公交车辆与社会车辆的一个显著区别在于公交载客量远大于社会车辆,进而公交车辆的运输客流效率远大于社会车辆。因而信号控制下相同的车均延误,对公交车乘客和社会车辆乘客造成的影响不同。基于这一基本考虑,相关研究提出了以人均延误为目标进行公交优先条件下信号控制参数的优化。而 Peter. G. F. 等人(2004)研究指出,人均延误目标优化可能会夸大公交优先的效果,并造成社会车流运行效益的降低。

本节提出考虑采用加权车均延误为目标进行公交优先条件下信号周期的优化求解。随后,以一个四相位信号控制交叉口为分析对象,研究了模型的适用性和权重变化对信号周期的影响,并分析了相应结果产生的原因。研究表明公交车均延误最小的最优周期和社会车流车均延误最小的最优周期并不重叠,在一定的公交权重下,模型能够求得二者加权最优解。而以人均延误为目标,在一定的条件下可能会造成社会车流服务水平的显著降低。加权最优解的控制效果及其对社会车流的影响除了与权重的取值有关外,还与社会车流最优周期及公交车流最优周期的相对位置密切相关。

基于在线和离线相结合的考虑,本节还探索了离线方案与在线优化的相互影响。即假定在线方案为保证信号的协调,采用了离线方案的信号周期且不对其进行调整,仅通过相位或绿信比的优化来提供实时优先的情况下,分析在线控制效果与离线确定的信号周期之间的关系。

4.3.2 优化问题描述

经典的最优信号周期公式是 Webster(1966)提出的信号控制交叉口延误计算公式和最优周期计算公式[102]:

$$C_0 = \frac{1.5L + 5}{1 - Y} \quad (4-1)$$

其中，C_0 为最优信号周期时长(s)；L 为信号周期总损失时间长度(s)；Y 为关键流量比之和。

从运输效率的角度上讲，公交车辆延误与社会车流延误不能直接比较，因而这一公式在考虑公交后不能直接应用。此外，在流量比较大(关键流量比之和接近于1)时，用式(4-1)计算出的最优周期值趋向于无穷大。

因而，本书将公交优先条件下单点信号控制交叉口最优周期的求解归纳为一个以公交车辆和社会车辆平均延误最小为目标，以相位最大最小绿灯时间和最大最小信号周期为约束的多目标规划问题。在给定的信号周期下，绿信比按照等饱和原则进行分配。延误的计算采用HCM2000的延误模型，避免了Webster延误模型在饱和度较大时延误也趋向于无穷大的缺点。

4.3.3 优化模型

1) 优化目标与约束条件

根据上述分析，建立公交优先条件下信号周期优化模型如下：

目标函数：

$$\min D_v = \sum_{i=1}^{k} q_{vi} D_{vi}(g_1, g_2, \cdots, g_k) / \sum_{i=1}^{k} q_{vi} \quad (4-2)$$

$$\min D_b = \sum_{i=1}^{k} q_{bi} D_{bi}(g_1, g_2, \cdots, g_k) / \sum_{i=1}^{k} q_{bi}$$

约束条件：

$$\begin{cases} g_{i\min} \leqslant g_i \leqslant g_{i\max} \\ C_{\min} \leqslant C < C_{\max} \end{cases}$$

其中，D_{vi} 为社会车流 i 车均延误(s/veh)；D_b 为公交车流 i 车均延误(s/veh)；q_{vi} 为社会车流 i 流量(veh/h)；q_b 为公交车流 i 流量(veh/h)。

2) 绿信比分配

信号周期与绿信比是相互耦合的一对信号控制参数，本书在进行信号周期的优化过程中，绿信比按照等饱和分配。即在信号周期 C 下，相位 i 的绿灯时间可以用式(4-3)计算。

$$g_i = \frac{y_{i\max}}{Y}(C-L) \tag{4-3}$$

其中，$y_{i\max}$ 为相位 i 中的关键车流流量比，在有公交专用道的情况下，公交车流的流量比单独计算，此时 $y_{i\max}$ 为 i 相位公交流量比和社会车流流量比中的较大者。

3) 延误计算模型

为了克服基于 Webster 延误公式优化方法的缺点。本书使用 HCM2000 的车均延误公式作为目标函数。具体公式为[103]

$$d = d_1 \times PF + d_2 + d_3 = \frac{0.50c\left(1-\frac{g}{c}\right)^2}{1-\left[\min(1,x)\frac{g}{c}\right]} + 900T\left[(x-1)+\sqrt{(x-1)^2+\frac{8KIx}{CT}}\right] \tag{4-4}$$

其中，d 为车均延误(s/veh)；d_1 为均衡延误(s/veh)；PF 为均衡延误协调系数(本书中 PF—1 因为是单个交叉口)；d_2 为包括随机延误和过饱和延误在内的额外延误；d_3 为初始排队延误(本文假设初始排队=0)；T 为分析时段(h)(本书取 T=0.25)；K 为额外延误系数取决于控制类型；I 为上游协调调整系数；C 为车道组通行能力(vph)；x 为车道组饱和度。

4) 模型求解流程

模型式(4-2)为一多目标规问题,通过对公交延误目标加权 w,化为一个单一目标优化问题,目标变为

$$\min PI = \frac{\sum_{i=1}^{k} q_{vi}D_{vi} + w\sum_{i=1}^{k} q_{bi}D_{bi}}{\sum_{i=1}^{k}(q_{bi}w + q_{vi})}$$

用枚举法求其最优解,求解流程如图 4-2。

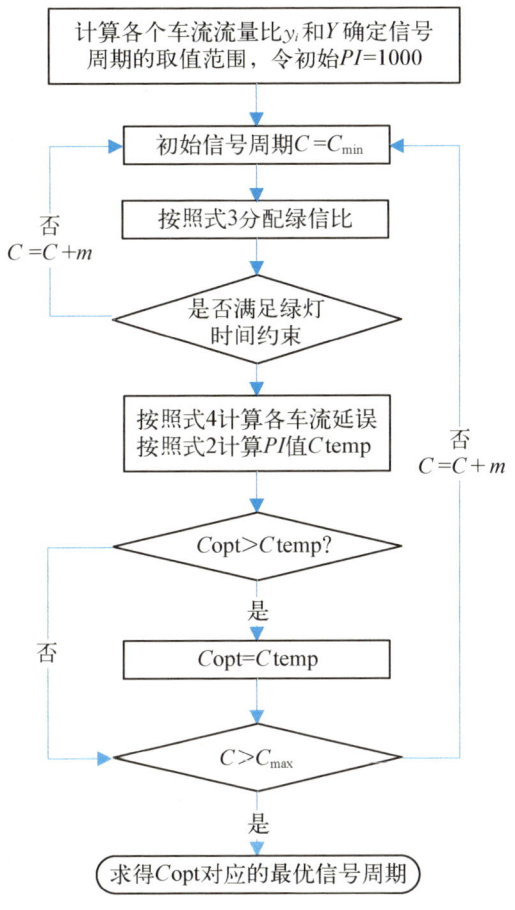

图 4-2　最优周期求解流程

4.3.4 算例分析

这一模型最重要的实际问题在于如何确定权重,因而算例分析的重点在于研究最优解的主要影响因素以及权重对优化结果的影响程度。

采用济南市无影山路交叉口为案例进行分析,交叉口的交通设计、流量及交叉口相位设计如图 4-3 所示。一条公交专用道为东西方向(在相位 P_1 中通行),位于道路中央。

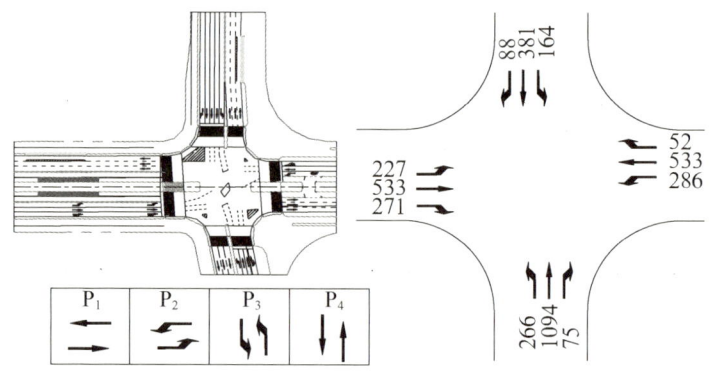

图 4-3 无影山路-北园大街交叉口示意图

公交车流量为取值从 50 veh/h 变化到 250 veh/h,取权重 w 从 1 变化到 91,详细的取值情况见表 4-1。算例主要分析不同公交流量下(也即不同社会车流与公交车流流量对比情形下)和不同权重下模型最优解的变化情况。一辆双铰接公交车按载客人数 160 人计算,其载客量可能是小汽车载客量(按照每车 2 人计算)的 80 倍。为比较按人均延误优化的结果,延误的波动范围取为 1~91。

表 4-1 算例参数表

q_b公交流量(veh/h)	50		100		150		200		250
公交权重	1	11	21	31	41	51	61	71	81	91
效益指标	社会车均延误,公交车均延误,加权平均延误									

对应表 4-1 的公交流量和权重下,效益指标的变化趋势如图 4-4～图 4-8 所示。

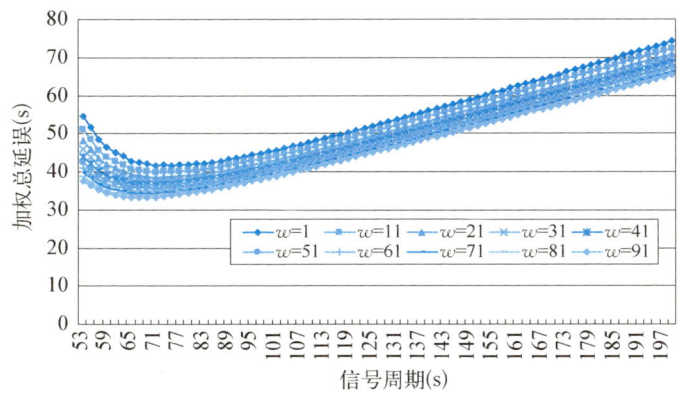

图 4-4 最优周期与加权平均延误及加权总延误的变化关系($q_b=50$ veh/h)

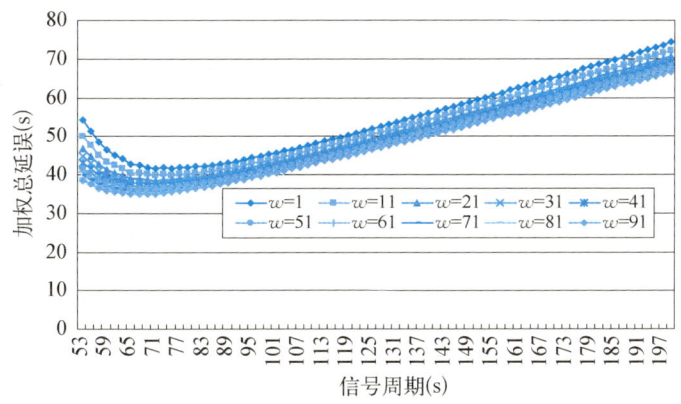

图 4-5 最优周期与加权平均延误及加权总延误的变化关系($q_b=100$ veh/h)

从图 4-4～图 4-8 可以看出,当公交流量较小时,最优周期随权重的大幅度变化并不敏感。当公交流量较大时,最优周期随权重的大幅增加反映相对敏感。产生这一现象的主要原因在于公交最优周期与社会车流最优周期的相对位置及其之间的差距在不同流量对比条件下发生了显著的变化。尤其值得注意的是,在公交流量较大时,过大的权重可能造成模型的解落在边界位置。与此同时,还可以发现在公交流量较小或较大的情况

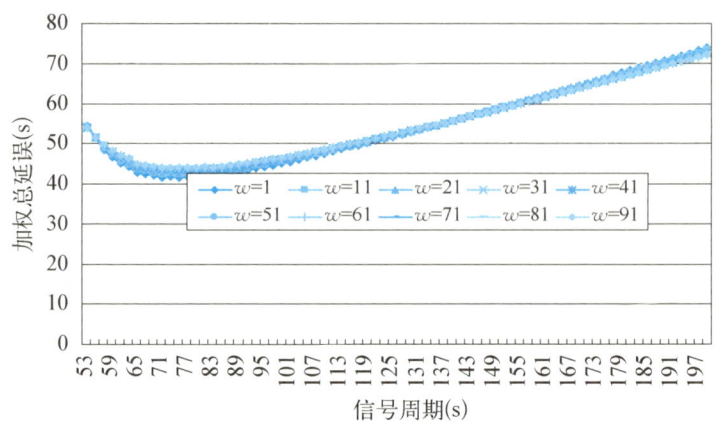

图4-6 最优周期与加权平均延误及加权总延误的变化关系（$q_b=150$ veh/h）

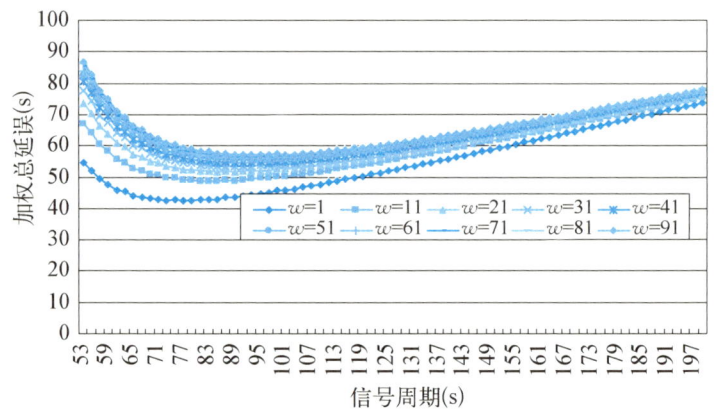

图4-7 最优周期与加权平均延误及加权总延误的变化关系（$q_b=200$ veh/h）

下,当公交权重取值较大时,模型最优解相对于社会车流的最优周期而言会发生较大变化,随之,社会车流的延误大幅增加,而公交车流延误的降低幅度则十分有限,如图4-9和图4-10所示。

图4-9中,公交最优周期远小于社会车流最优周期,随着权重的增加,加权最优周期将逐渐接近于公交最优周期,这一过程对社会车流而言,信号周期的变化范围恰恰是延误对周期最敏感的区域,相同的周期变化量下,社会车流延误增加的幅度接近于公交车流延误降低幅度的2倍。

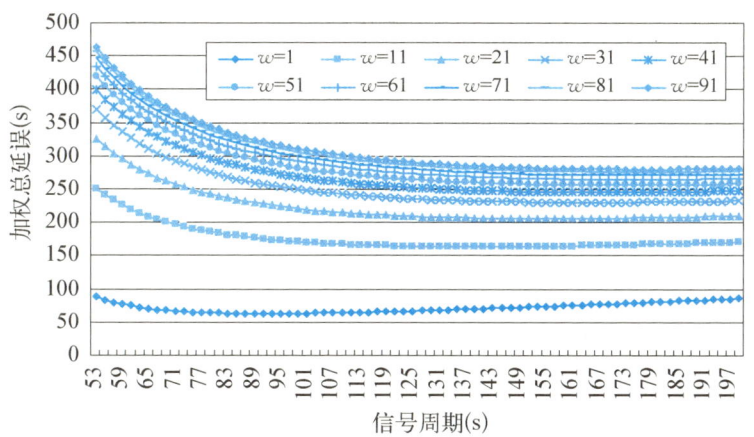

图 4‑8　最优周期与加权平均延误及加权总延误的变化关系（$q_b=250\text{ veh/h}$）

（图 4‑4—图 4‑8 中红线为最优周期值的连线）

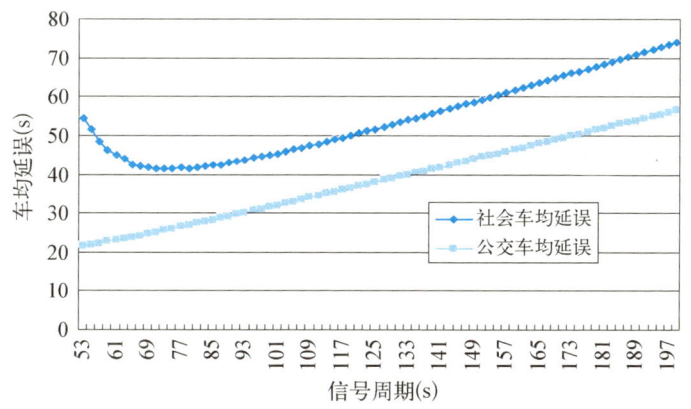

图 4‑9　最优周期的对比关系（$q_b=250\text{ veh/h}$）

图 4‑10 中，公交最优周期远大于社会车流最优周期，在加权最优周期随着权重的增加逐渐靠近公交最优周期的过程中，社会车流的延误增加速度要远大于公交车流延误降低的速度。

因此，当公交车流最优周期与社会车流最优周期位置的相对距离较大时，权重的取值需要根据社会车流所能承受的服务水平降低的程度来决定。过大的权重，如以载客量为权重，即以人均延误最小为目标求解，则会

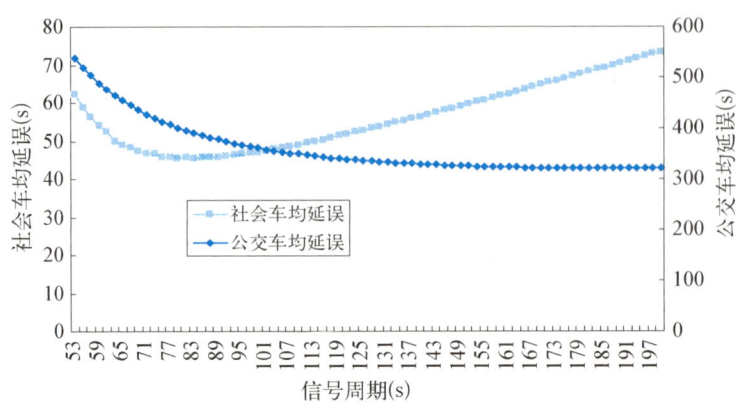

图 4-10　最优周期的对比关系（$q_b = 250$ veh/h）

造成最优周期取值显著偏离社会车流本身的最优周期，将引起社会车流的拥挤，这种拥挤反过来也会影响公交信号优先策略的实现。

图 4-11 表述了不同的公交流量，也即不同的公交流量与社会车流流量对比（图中所列社会车流流量比为与公交同一相位社会车流流量比）的条件下，不同目标下的最优周期变化趋势。为突出对比关系，在图中列出了不满足相位最小绿灯的信号周期。公交延误最小为目标的最优周期随公交流量的增加而增加。这一单调关系的出现是由于当公交流量较小时，在绿信比等饱和分配的过程中，公交专用道的流量比不作为分配依据。在

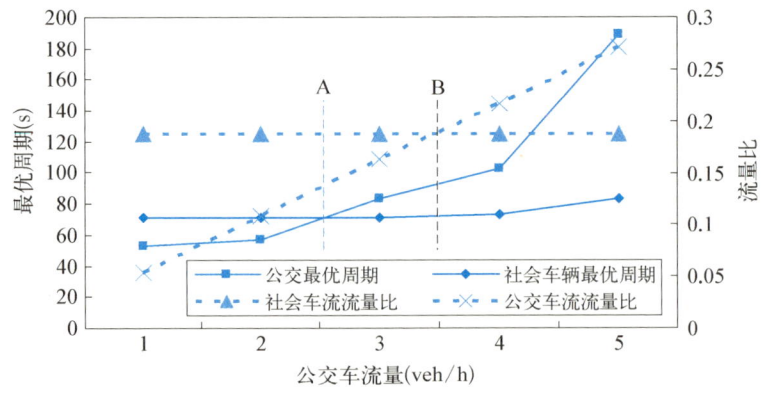

图 4-11　不同目标下最优周期随公交流量变化趋势

公交流量到达一定程度后,社会车流延误最小目标的最优周期都随公交流量的增加和有一定程度的增加。其原因在于公交流量到增加到一定程度之后,公交专用道流量比超过同相位社会车流流量比,并被作为该相位绿信比分配依据。

从图 4-11 还可以明显看出"小周期有利于公交优先"的结论之局限性。当公交流量较小,即公交流量处于 A 以前的区域时,公交流量比小于社会车流流量比,同时公交车流最优周期小于社会车流最优周期,此时,在社会车流最优周期的基础上降低周期值有利于降低公交车辆延误。当公交流量较大,即公交流量处于 B 以后的区域时,公交流量比大于社会车流流量比,同时公交车流最优周期大于社会车流最优周期,此时,在社会车流最优周期的基础上降低信号周期反而会增加公交车流的延误。当公交车流流量比落于 A 与 B 之间时,公交流量比小于社会车流流量比,而公交车流最优周期大于社会车流最优周期。因而,从本质上分析,公交车流与社会车流最优周期之间的相对关系与各自延误随信号周期的变化趋势相关。仅当公交车流和社会车流的延误随周期变化趋势的相对关系如图 4-12 所示时,在社会车流最优周期的基础上降低周期值才会有利于公交优先。

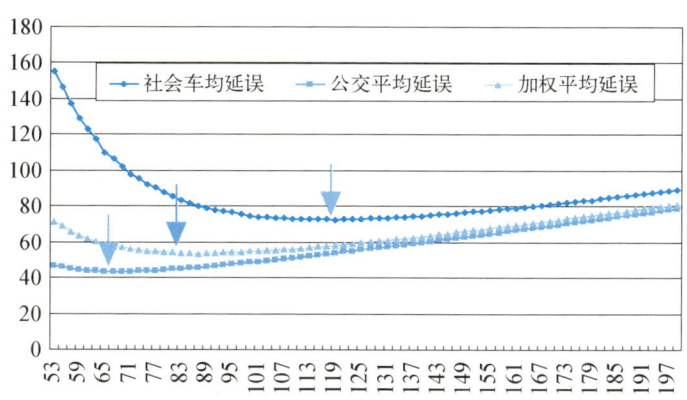

图 4-12 车辆延误随信号周期变化图

4.3.5 在线调整空间的考虑

在本书提出的公交优先控制系统中,离线的控制方案是在线优化的基础,在线优化常基于信号协调的考虑,不对信号周期进行较频繁的调整。在此情况下,离线的信号周期的确定还需考虑其对在线优化调整的影响。由于不同的在线控制策略下,这种影响不同,本节仅分析在线提供公交绿灯延长和红灯缩短策略下,信号周期对控制效果的影响,并以此提出离线控制方案应该考虑的因素及调整方向。

1) 分析对象

对如图 4-13 所示的两相位信号控制交叉口(均直行),四个进口道均为单车道,与公交同相位的社会车流 $q_1 = 800$ veh/h,相交道路社会车流

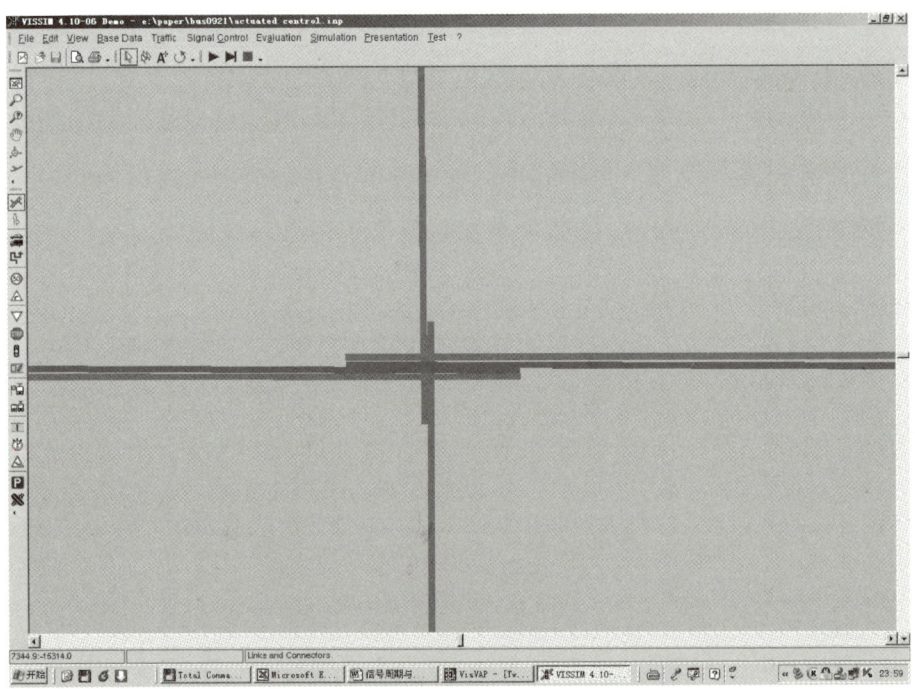

图 4-13　在线优化对周期影响分析对象 VISSIM 模型

$q_2 = 600$ veh/h。公交专用道车流流量为 160 veh/h。在线优化采用简单的感应优先控制逻辑。单位延长绿灯时间 3 s,每一相位最小绿灯时间 15 s,离线计算得社会车流最优周期 54 s。

本节及后续的仿真均通过微观交通流仿真软件包 VISSIM(4.10)完成。VISSIM 仿真软件在微观仿真的研究和工程实践中均有广泛的应用[107]。VISSIM 软件提供的 VISVAP 编程工具,可以用来编写感应控制逻辑,实现感应控制策略的仿真。在本节中,感应控制逻辑为:在固定周期和最大最小绿灯约束下,根据公交优先的申请来进行感应控制。控制逻辑流程如图 4-14。

2) 实验结果

在实验中,信号周期从 54 s 开始,以 5 s 为步距,增加至 79 s。公交车均延误、优先方向社会车流延误、非优先方向社会车流延误和社会车流车均延误的变化和对比关系如图 4-15 所示。

从图中可以看出,随着信号周期的增加,非优先相位机动车流延误显著提升,公交车辆延误和优先相位机动车流的延误呈现下降趋势,机动车流总延误呈现上升趋势。对公交车流和社会车流进行加权平均,不同权重下的加权平均延误随周期增加的变化趋势如图 4-16 所示。

显然,随着公交权重的增加,加权延误随信号周期增加而增加的速度逐渐降低。在本研究中,当权重增加到 40 和 80 时,加权平均延误——信号周期关系曲线出现拐点。这就意味着存在一个最优周期,使得公交车流和社会车流的加权延误最小,且这一周期值大于离线计算的最优周期值。

由上可见,"小周期利于公交优先"这一论断存在着较大的局限性。而且,离线优先方案求得最优周期之后,必须考虑其在线优化的适应性,即其是否为在线优化提供了足够的空间。因此,离线公交优先的完整计算公式应该为如下形式:

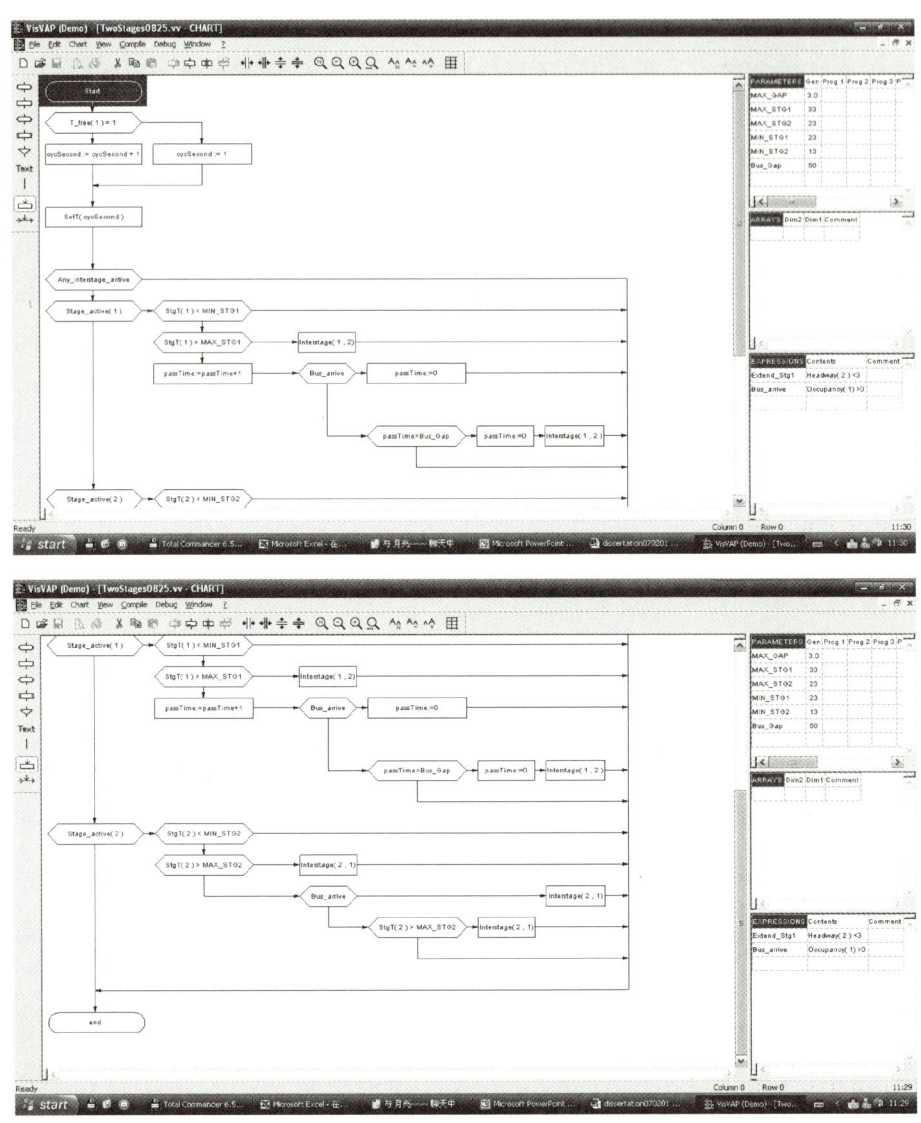

图 4-14　在线感应优先控制逻辑

$$C_{off} = C_{off0} + C_{\Delta} \qquad (4-5)$$

其中，C_{off} 为离线最优周期长度，(s)；C_{off0} 为离线优化基本周期，即模型式(4-2)的优化结果，(s)；C_{Δ} 为考虑在线优化的周期增量，(s)，C_{Δ} 的大

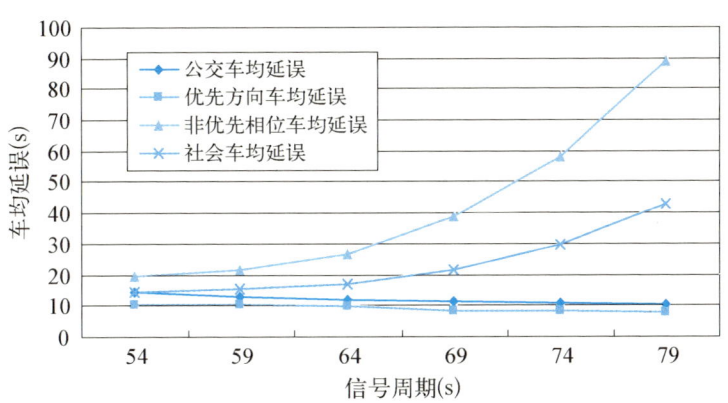

图 4‑15　离线信号周期在线优化的适应性分析

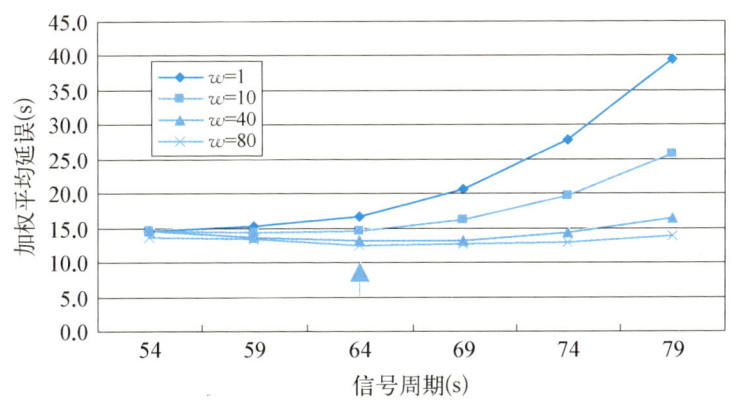

图 4‑16　不同权重下加权平均延误变化趋势

小,需要根据具体的在线策略进行优化分析和计算。

4.3.6　小结

合理的信号周期长度对信号优先效益充分发挥有重要意义。本节研究了信号优先条件下的信号周期最佳计算方法,主要结论如下:

(1) 加权最优信号周期能够取得公交车流和社会车流效益的均衡。

(2) 加权最优周期对公交车流和社会车流的影响与权重的取值密切相关。

（3）公交车流最优周期和社会车流最优周期的相对位置决定了加权最优周期对各自效益的影响。不同条件下，权重的变化对公交车流和社会车流延误的影响程度和速度不同。

（4）小周期并不一定利于公交优先，需要根据公交车流延误随周期值的变化规律进行判断。

（5）离线最优周期应包括离线优化基本周期和在线增量两部分，以此来实现离线和在线的组合最优。

4.4　绿信比分配模型

4.4.1　绿信比分配的基本考虑

很多研究从不同角度对离线优先策略进行了探索，但大都集中在交叉口的通行时间的分配与优化利用上，鲜见将交叉口的空间资源分配引入公交优先控制中的研究成果。而且在研究过程中，很多学者发现，公交信号优先给予公交车及同相位的社会车流以优先权，同时造成其他相位社会车流通行率的降低，进而引起整个社会车流运行水平的下降。这也正是国际上公交优先控制的研究在20世纪90年代陷入低潮的原因之一。

交叉口的时间-空间资源具有相互制约和转化的特征。基于对这一特征的分析，从时间-空间组和优化的角度，提出了将进口道空间分配即车道功能划分与绿信比分配组合在一起进行优化的绿信比分配方法，建立了相应模型，并设计算例进行了分析。

4.4.2　优化问题描述

如图 4-17 所示，公交专用道在主要道路的最内侧车道，公交车为直行方向，社会车流相位 1、2 中的关键车流均为本进口道的直行车流和左转车

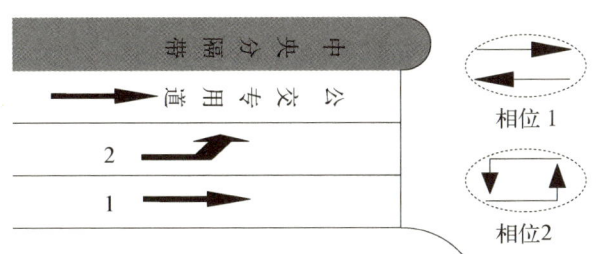

图 4-17 车道布置与相位设计示意图

流。信号控制下公交车车均延误可由下式求得：

$$d = \frac{1}{C} \frac{S_b}{2(S_b - Q_b)} (C - g_{eb})^2 \quad (4-6)$$

其中，C 为交叉口信号控制周期，(s)；S_b 为公交车道饱和流率，(veh/s)；Q_b 为公交车到达流率，(veh/s)；g_{eb} 为公交通行有效绿灯，(s)。

在离线方案的角度，如果公交专用进口道数目确定，增大公交通行有效绿灯时间就成了降低公交延误的根本手段。但是，增加公交通行相位的绿灯时间，必然会对其他相位的车流造成不利影响。考虑到交叉口的时间资源和空间资源具有密切的联系，绿信比的分配和车道功能的划分相互影响，本节研究的问题可概括为：通过对交叉口的时空资源优化，实现公交离线优先，降低公交车延误的同时对其他相位车流的影响最小化。

4.4.3 进口道车道功能划分与绿信比分配关系

1）相互关系模型推导

对于如图 4-17 所示信号控制交叉口，同一进口道不同相位车流相互竞争时间资源（绿灯时间）和空间资源（车道数）。在信号周期和进口总车道数固定的情况下，时间资源的分配与空间资源的分配即车道功能划分是相互影响和制约的。本书首先针对交叉口的一个进口道，对其左转车流和直行车流时空分配的相互关系进行研究。

信号控制下车流 i 的饱和度计算公式为 $X_i = \dfrac{Q_i}{\lambda_i S_i n_i}$

其中，X_i 为车流 i 的饱和度，$i=(1,2)$（直行车流，左转车流）；Q_i 为车流 i 的流量(pcu/h)；λ_i 为车流 i 的有效绿信比；S_i 为车流 i 的单车道饱和流量(pcu/h)；n_i 为车流 i 分配的车道数。

设总车道数为 N，则有：$\qquad N = \sum_{i=1}^{2} n_i$

又 $\qquad\qquad\qquad\qquad \lambda_i = \dfrac{g_{ei}}{C}$

其中，g_{ei}：车流 i 的有效绿灯；

则有：$\qquad\qquad\qquad g_{ei} = \dfrac{Q_i C}{X_i n_i S_i}$

2）数值算例分析

令车流 i 的最大允许饱和度为 X_{mi}，进行数值算例分析。设 $Q_i = 800(\text{pcu/h})$，$N=6$（除公交专用道），$C=120(\text{s})$，$S_1=1\,800(\text{pcu/h})$，$S_2=1\,650(\text{pcu/h})$，在饱和度最大限值 $X_{m1}=X_{m2}=0.8$，分 $Q_2=0.6Q_1$，$Q_2=1.2Q_1$ 两种情况，不计右转车流影响，车流1、2各自所需要的最小绿信比与所分配的车道数关系如图4-18、图4-19所示。

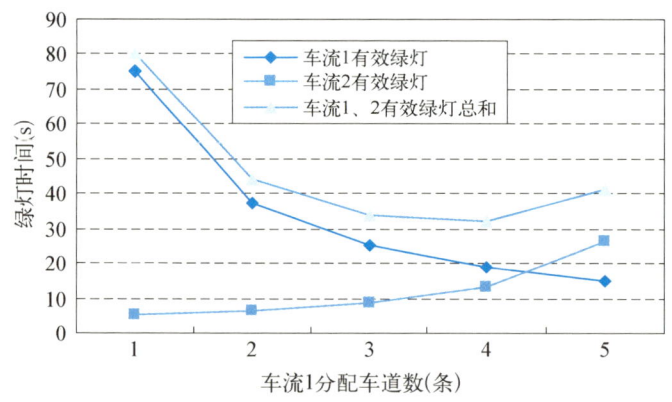

图 4-18　$Q_2=0.6Q_1$ 绿灯时间随左转车道数变化图

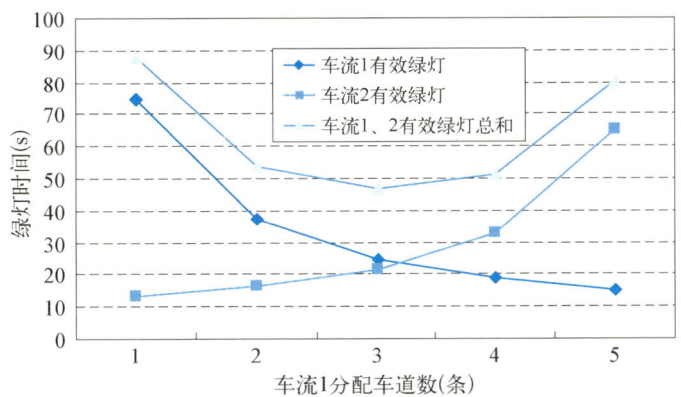

图 4-19 $Q_2=1.2Q_1$ 绿灯时间随车道功能变化图

从图 4-18、图 4-19 可以得出如下结论:

● 同一进口道车道功能的划分与绿灯时间的分配相互影响,且这种影响是非线性的;

● 随着车道数的减少,相同的允许饱和度下,车流所需要的绿灯时间增大;

● 无论是左转流量和直行流量的对比情况如何,在信号周期固定的条件下,总会存在一组车道功能划分方案,使得车流 1、2 的饱和度都不超过其最大限值时,所需要的总绿灯时间最小。这一规律展现了交叉口时空资源相互转化的关系。对此问题的深入探索在后续研究中展开,本节暂不继续详细讨论。

4.4.4 基于时空优化的绿信比优化模型

进口道车道功能划分与绿灯时间的分配相互影响。欲降低公交车在交叉口的延误,则其相位有效绿灯时间越长越有利。本书针对一个进口道,将车道功能划分与绿信比的分配一起考虑进行组合优化,实现公交离线优先并降低其对社会车流的影响。

基本假定

● 进口道的设计和信号相位示意如图 4-17,左转车流和直行车流在

不同的相位放行,且均为该相位的关键车流,不计右转车流的影响;

● 交叉口信号周期 C 已知,且该周期下至少存在一组绿信比分配方案,满足各相位车流的饱和度低于其最大限值;

● 交叉口的进口道总数一定,且无论进口道车道功能划分方案如何,交叉口进出口道数总能够匹配;

● 其它相位需要的最小绿灯时间和周期损失时间之和 K 已知;

● 交叉口进口道无停靠站。

优化模型

设左转车流 2 有效绿灯时间取在某一车道功能划分方案下,满足饱和度约束的最小绿灯时间。本书考虑通过给予公交车辆和社会车辆车均延误不同的权重来实现公交优先,同时协调公交和社会车辆的关系。以该进口道公交车辆和社会车辆的加权总车均延误 D 为优化目标,建立如下规划模型:

$$\min D = \frac{k_b Q_b D_b + k_v \sum_{i=1}^{2} Q_i D_v}{Q_b k_b + \sum_{i=1}^{2} Q_i k_v} \quad (4-7)$$

$$\text{s.t.} \begin{cases} \sum_{i=1}^{2} g_{ei} \leqslant C - K \\ g_{e\min i} \leqslant g_{ei} \\ g_{e2} = \dfrac{Q_2 C}{X_{\max 2} n_2 S_2} \\ \sum_{i=1}^{2} n_i = N \\ k_b + k_v = 1 \end{cases}$$

其中,k_b 为公交车均延误加权系数;k_v 为社会车均延误加权系数;$g_{e\min i}$ 为每一相位最小有效绿灯时间,一般取 $g_{e\min i} = 15(\text{s})$;$D_v$ 为该进口社会车辆的车均延误,(s/pcu),可应用 HCM2000 模型,按流量加权平均求得。

由于进口的车道数有限,因而,此优化模型可以通过枚举法求得。

4.4.5 算例分析

分直行流量 Q_1 大于和小于左转流量 Q_2 两种情形进行分析,各参数取值见表 4-2。

表 4-2 算例参数取值表

情 形	直行流量 (pcu/h)	左转流量 (pcu/h)	总车道数 (条)	最大允许 饱和度
一	1 000	600	6	0.8
二	400	720	6	0.8

若用常规方法,按等流量比分配车道功能,按等饱和度分配绿灯时间,计算结果如表 4-3。

表 4-3 常规方法计算结果

情形	直行车道 数(条)	直行绿灯 时间(s)	左转车道 数(条)	左转绿灯 时间(s)	社会车流车 均延误(s)	公交延 误(s)
一	4	30	2	40	37	61
二	2	35	4	35	34	54

取 $k_b:k_v=2:1$,利用本书提出的模型进行计算,结果分析如表 4-4 和图 4-20、图 4-21。

表 4-4 本文模型计算结果

情形	直行车道 数(条)	直行绿灯 时间(s)	左转车道 数(条)	左转绿灯 时间(s)	社会车流车 均延误(s)	公交延 误(s)
一	2	45	4	15	32	30
二	2	44	4	16	39	33

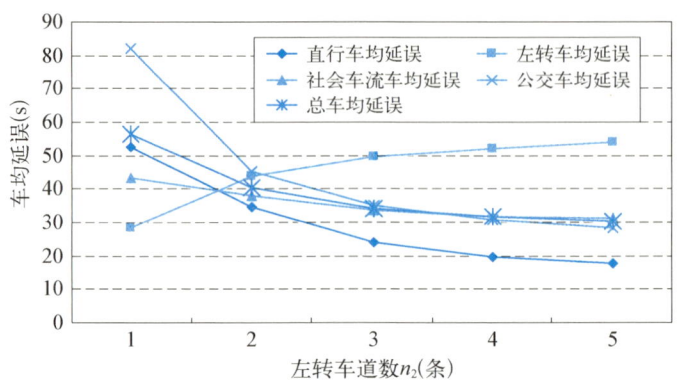

图 4-20 情形一车均延误随左转车道数变化图

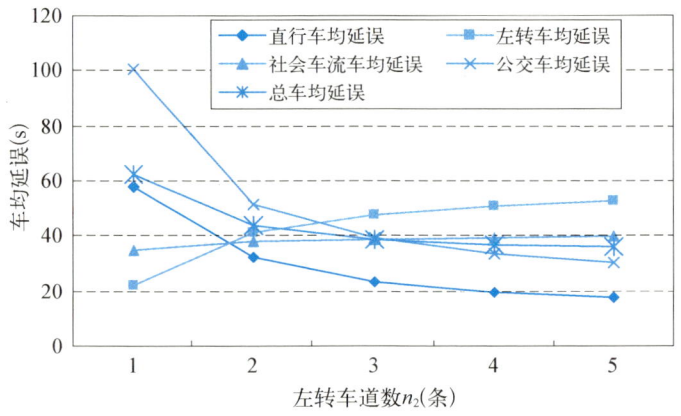

图 4-21 情形二车均延误随左转车道数变化图

注：为分析方便，图 4-20、图 4-21 中均列出了不满足 $g_{emini} \leqslant g_{ei}$ 约束的解。

从表 4-3 和表 4-4 的对比可以看出，两种车道功能划分和绿灯时间分配方案下，社会车流的延误时间基本一致，但公交车流的延误时间有明显的降低，情形一降低 50.8%，情形二降低 38.9%。

从图 4-20、图 4-21 中可以看出：

当直行流量大于左转流量时，左转车均延误随左转车道数增加而增加，直行车均延误随左转车道数的增加而减少；社会车流车均延误、公交车均延误随着左转车道数的增加都呈递减趋势。

当直行流量小于左转流量时,左转车均延误随左转车道数增加而增加,直行车均延误随左转车道数的增加而减少;社会车流车均延误随着左转车道数的增加而增加,公交车均延误随着左转车道数的增加而减少。

显然,在优化过程中,直行车流量,左转车流量、公交车流量及其权重的取值,将对优化结果产生影响。下面取 $Q_b = 50, k_b:k_v = 1$,其他与情形二相同,对车均延误随左转车道数的变化再次进行分析,如图 4-22 所示。

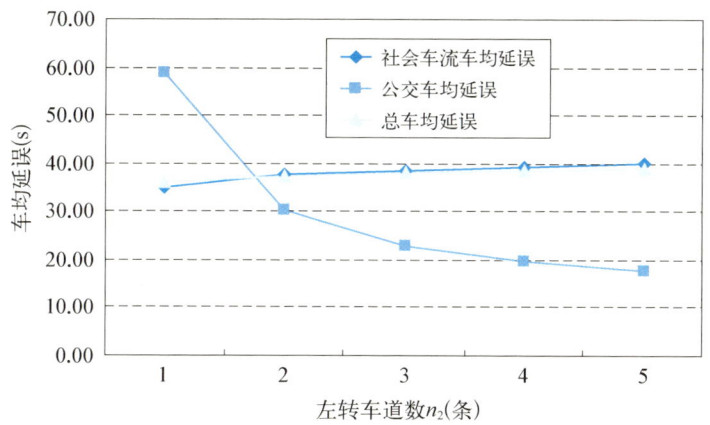

图 4-22 $Q_b = 50, k_b:k_v = 1$ 总车均延误随左转车道数变化

从图 4-22 与图 4-21、4-22 的对比分析可以看出:

$D - n_2$ 曲线的形状与 $Q_1 : Q_2$ 的值有密切的关系;当 $Q_1 : Q_2 > 1$ 时,无论 $k_b : k_v$ 值如何,$D - n_2$ 曲线都单调递减;

在 $Q_1 : Q_2 < 1$ 条件下,$D - n_2$ 曲线的形状与 $k_b : k_v$ 以及 Q_1、Q_2、Q_b 的比例关系有关,不再呈简单的单调关系。

4.4.6 小结

与传统方法相比,时空资源组合优化的绿信比分配方法能够在对社会车流影响较小的情况下,显著降低公交车均延误。为降低公交优先对社会车流总体运行状态的影响,确定公交优先的权重系数时,需要考虑不同相位的机动车流量之间及其与公交车流量的对比关系。

4.5 信号相位相序优化模型

4.5.1 信号相位设计的基本考虑

相位相序设计是交叉口控制方案中的首要步骤,它表明了各交通流获得通行权的规则和先后顺序。信号设计中最为关键的问题是选择一个适当的信号相位方案,信号相位设计是交通信号设计中最具有创造性的部分。相位相序设计的基本原则为:

1) 提高信号控制方案运行效率。不同的相位组合有不同的优势,对时空资源利用的效率也不同。因此相位相序设计需要根据实际交通状况、交叉口的交通设计方案进行优选。

2) 保障交通的安全性。不同的相位相序设计,交叉口交通流的衔接形式和冲突不同。信号相位相序的设计,需考虑不同相位组合的安全性。

4.5.2 单点交叉口允许左转下的相位相序设计

对于单个交叉口的相位相序设计,国内外的相关研究已经有较多研究。Wright,(2005),阴炳成(2003),季彦婕(2004)等人分别从公交专用道的位置以及公交相位与机动车相位的组合等方面进行了深入研究,提出了如图4-23所示的相位相序设计方法,本书不再赘述。

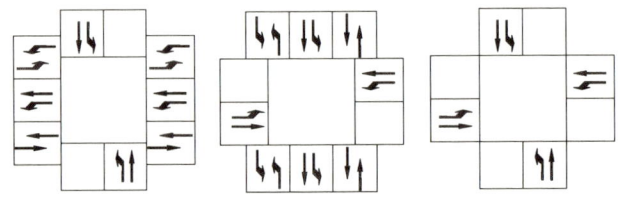

图4-23 公交优先下机动车相位组合设计(阴炳成,2003)

4.5.3 相邻交叉口左转相位协调优化

降低公交车辆在交叉口的延误是公交优先的重要目标。由于公交车流一般为直行方向，因而，从直观上分析，禁止左转有利于交叉口效率的提高和公交车流延误的降低。TCRP 研究报告"Bus Rapid Transit, Volume 2: Implementation Guidelines"中指出，如果左转交通可以通过其他方式解决，在交叉口禁止左转对快速公交系统(Bus Rapid Transit)的运行十分有利。本节首先分析了左转相位对交叉口运行效益的影响。进而提出在负荷较大的交叉口，为降低公交车辆延误和提高交叉口的总体运行效率禁止左转后，左转交通流的处理方法。最后分析了采用过 U-turn 完成左转的相邻交叉口左转相位协调设计方法。通过在无影山路-北园大街、无影山东路-北园大街二相邻交叉口的实际应用和分析表明，采用相邻交叉口左转相位协调设计方法，通过 U-turn 完成主要交叉口的左转能显著降低公交车辆延误和改善交叉口的运行状况。

在相关研究中，左转相位有两种分类方式。根据同一进口道左转车流与直行车流的放行方式分为先直行后左转和先左转后直行两种；根据左转交通流的通行权形式可以分为专用左转和混行两种。TCTP 研究报告指出，当公交专用道位于路中央时，出于安全和通行效率的考虑，只推荐禁止左转（Prohibiting Left Turns, PLT）和设置左转专用相位（Providing Protected signal phases for Left Turns, PPLT）两种左转车流的处理方式[106]，以下简称(PPL 和 PPLT)。本节也仅对这两种处理方式进行分析。

4.5.3.1 左转交通流对交叉口的运行效率影响分析

相关研究指出，在一定范围内，信号周期越小，对公交优先越有利；同时，车均延误和饱和度是评价交叉口运行服务水平的最重要指标。因而采用最优信号周期长度、车均延误和饱和度为指标比较左转交通流不通处理方式(PLT 和 PPLT)对交叉口运行状况的影响。交叉口的最优周期和相应控制方案下车均延误均由 Webster 最优周期公式和延误公式计算。

Webster 最优周期公式：

$$C_0 = \frac{1.5L+5}{1-Y} \quad (4-8)$$

其中, C_0 为最优周期长度(s); L 为周期内总损失时间(s); Y 为关键流量比总和。

Webster 延误计算公式：

$$d_u = \frac{C(1-\lambda)^2}{2(1-y)} + \frac{x^2}{2q(1-x)} - 0.65 \left(\frac{C}{q^2}\right)^{\frac{1}{3}} x^{(2+5\lambda)} \quad (4-9)$$

其中, d_u 为交叉口某一车流车均延误(s/veh); C 为信号周期长(s); q 为该车流流量(veh/s); λ 为该车流绿信比; x 为该车流饱和度。

采用如图 4-24 所示的虚拟交叉口进行分析。当主要道路(Road1)允许左转时,该交叉口有三个相位,当主要道路不允许左转时(左传车流变为直行车流通过交叉口),该交叉口两相位。两个相位的直行机动车流相同,在分析中采用了 $q_1=q_2=300(\text{pcu/h})$ 和 $q_1=q_2=600(\text{pcu/h})$ 两种情况。直行和左转的单车道饱和流量均取为 1 800(pcu/h)。相位绿灯间隔时间

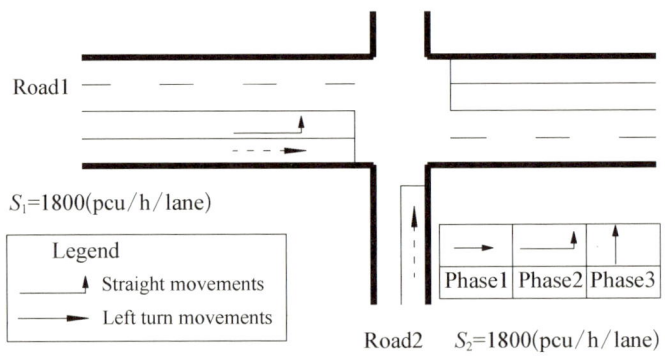

图 4-24 左转处理方式分析交叉口

为 4 s,并假定损失事件为绿灯间隔时间之和。为了分析完整的趋势,在分析中不考虑相位最小绿灯约束。左转流量从 50(pcu/h)增加到 2 450(pcu/h)的过程中,PLT 和 PPLT 两种左转处理方式下,最优周期值和车均延误值随左转车流流量的变化如图 4-25、图 4-26 和图 4-27。

图 4-25 表明,在相同的交通需求和道路条件下,与 PPLT 相比,PLT 能够显著降低最优信号周期值。同时,随着左转流量的增加,PPLT 与 PLT 下的最优信号周期值的差距显著增加。直行车流流量加倍之后,这种趋势更加明显。显然,由于能够显著降低信号周期值,PLT 更利于信号优先。

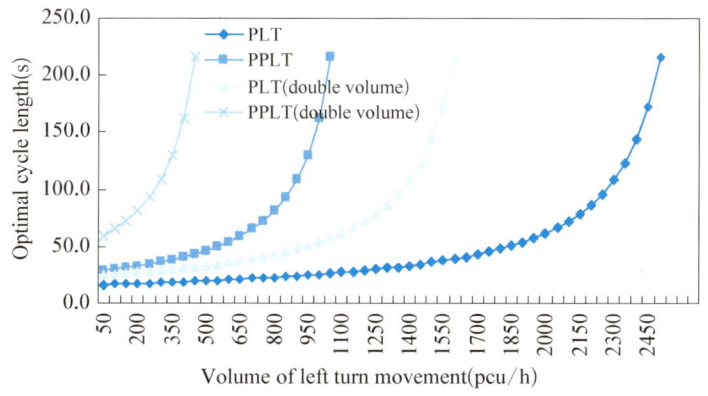

图 4-25　PLT 和 PPLT 对最优周期值的影响

图 4-26 反映了 PLT 与 PPLT 对车均延误的影响。在相同的交通需求与道路条件下,PLT 下的车均延误明显低于 PPLT 下的车均延误。随着左转流量的增加,二者延误的差距明显增加。以左转车流为 300(pcu/h)和 900(pcu/h)为例,与 PPLT 相比,PPL 分别降低了车均延误 57.9% 和 79.6%。显然,PLT 更利于提高交叉口的服务水平。

图 4-27 反映了 PTL 和 PPTL 对交叉口饱和度的影响。在相同的交通需求和道路条件下,PLT 的饱和度明显低于的 PPLT 下的饱和度。以单倍直行流量,左转流量 1 000(pcu/h)为例,PPLT 下交叉口的饱和度为

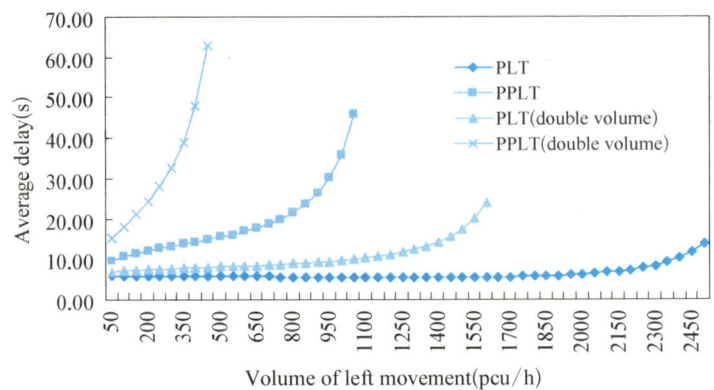

图 4-26　PLT 和 PPLT 对车均延误的影响

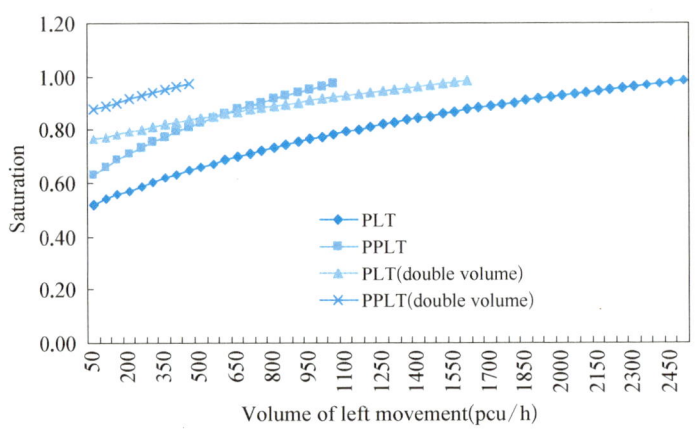

图 4-27　PTL 和 PPTL 对交叉口饱和度的影响

0.96,而 PLT 下交叉口的饱和度为 0.77,下降约 20%。也即,PLT 能够显著缓解交叉口的拥挤状况。

图 4-25、图 4-26 和图 4-27 都表明,PLT 能够降低交叉口车辆延误,改善交叉口拥挤状况并利于降低公交延误,实现公交优先。同时 PLT 还能够简化交叉口的冲突,改善交叉口的安全性。因而,在繁忙的交叉口,为实现公交优先和提高交叉口服务水平,禁止左转相位(PLT)是一个非常重要且有效的途径。

4.5.3.2 禁左后左转交通流的处理方式分析

1) 路网绕行方法

对一个如图 4-28 所示给定的路网,在交叉口 A 禁止左转后,其左转可以通过图示 4 条路径完成。通过在临近交叉口进行一系列的左转或右转,原来在交叉口 A 的左转交通流转化为直行交通流通过交叉口,或通过临近交叉口的其他路径完成左转。通过网络上进行左转,影响的范围较大,车辆的绕行距离也较多,同时可实施性受到路网结构的限制。本书对其不做深入讨论。

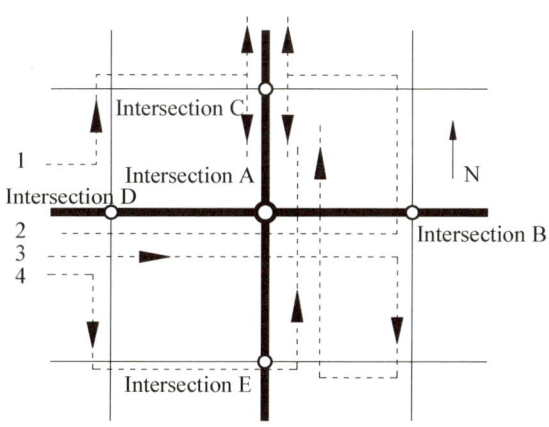

图 4-28 通过路网完成左转交通

2) 相邻交叉口 U-turn 方法

左转车流先直行通过禁左的交叉口,在下游交叉口调头,回到禁左交叉口后右转,形成一个 U-turn,完成原来的左转。这种设计方法,要求相邻交叉口的信号相位能够相互协调,以满足 U-turn 的条件。

4.5.3.3 相邻交叉口左转相位协调设计

如图 4-28 所示的方格路网,理论上交叉口 A 的每一个进口道的左转交通流都有两个可以选择的 U-turn。取图 4-28 的第一象限为例进行分析,交叉口 A 和 B、C 能够形成四个 U-turn,交叉口 A 南进口的左转可以选择 U-turn2 或 U-turn3 来完成,如图 4-29 所示。因而,首先需要根据交叉口 B 和交叉口 C 的道路条件和交通需求优选最合适的 U-turn。然后对信号相位进行协调设计。反过来,信号相位协调设计的效果也是 U-turn 选择的合适与否的判别依据。

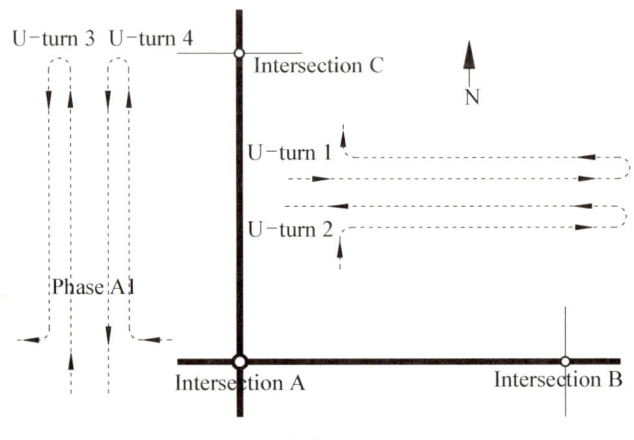

图 4-29 各种 U-turn 形式

以交叉口 A 和交叉口 B 为例,交叉口 A 南进口、西进口的左转车流都可以通过交叉口 A-B 形成的 U-turn 完成,如上图 5-17 的 U-turn1 和 U-turn2。在进行相位协调设计之前,交叉口 A 为四相位,交叉口 B 为三相位或两相位,如图 4-30 的上半部分。在交叉口 A 禁左后,变为两相位,相应的交叉口 B 需要在原相位中嵌入调头相位与交叉口 A 的禁左相协调。协调设计后交叉口 A 与交叉口 B 的信号相位如图 4-30 的下半部分。交叉口 A 由四相位变为两相位,交叉口 B 有两种信号相位方案与其相协调。相位协调设计1:对应于交叉口 B 原来的相位设计1,即在交叉口 B 有专用左转相位,在左转相位中嵌入调头相位。相位协调设计2:对应于交叉口 B 原来的相位设计2,即在交叉口 B 无专用左转相位,则在横向道路通行相位嵌入调头相位。

以实施 U-turn 的交叉口平均延误与左转车流绕行增加延误的加权

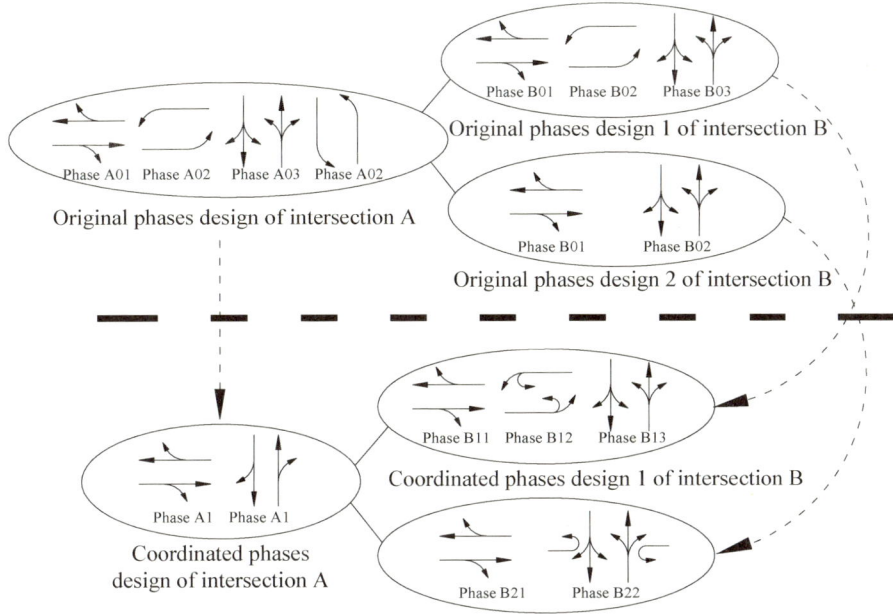

图 4-30 左转相位协调设计

和最小为目标,建立如下最佳 U-turn 选择模型。模型反映了 U-turn 对该交叉口及相关交叉口交通效益的综合影响。同时,将 U-turn 带来左转车流绕行的延误作为约束体现在模型中。

$$\text{Min}: PI = \sum D_i(\delta) \quad (4-10)$$

$$\text{s. t.} \begin{cases} D_l \leqslant D_{l\max} \\ g_{ij\min} \leqslant g_{ij} \leqslant g_{ij\max} \\ Q_{ij\min} \leqslant Q_{ij} \end{cases}$$

其中:D_i 为 U-turn 经过交叉口 i 的车均延误;D_l 为左转车流绕行增加延误;$D_{l\max}$ 为左转绕行延误最大限值。$D_i(\delta)$ 为交叉口 i 左转相位状态为 δ 时,该交叉口的延误,δ 为一个二元变量,即

$$\delta = \begin{cases} 1 & \text{禁止左转,设计 U-turn} \\ 0 & \text{允许左转,不设计 U-turn} \end{cases}$$

4.5.3.4 调头车流空间协调设计

相位协调设计仅确定了调头车流的通行时间,尚须通行空间设计与其匹配。根据交叉口的几何条件和交通状况,调头车流的通行空间设计有如下三种方法:方法一,与左转车流公用一个车道在交叉口人行横道前调头,如图 4‑31A;方法二,在原来的左转或直行车道前提前调头,如图 4‑31B 和 4‑31D。方法三,这只专用的调头车道,如图 4‑31C 所示。

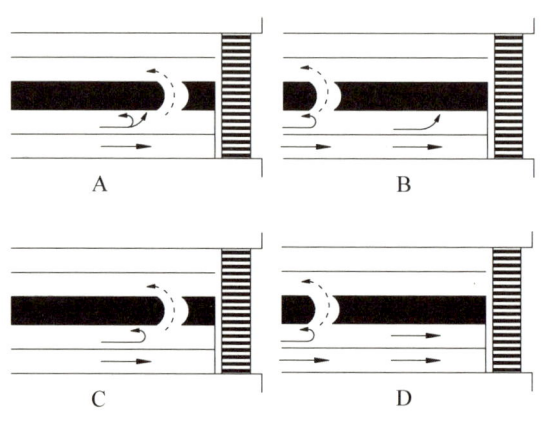

图 4‑31　调头车流空间协调设计

与方法一和方法三相比,方法二对交叉口通行能力的影响最小。但是根据图 5‑17 中 U‑turn 的设计,调头车流须返回禁左交叉口右转。因而,要求调头的位置与交叉口进口道有足够的距离,以实现车流交织,因而方法二的适用性受到交叉口间距离的影响。

4.5.3.5 案例分析

本节选择了济南市北园大街快速公交(BRT)系统中的无影山路交叉口和无影山东路交叉口为案例进行分析。BRT 车道位于北园大街的中央,东西直行,交叉口的设计和流量如下图 4‑32 所示。直行 BRT 车辆发车频率为 120 s。

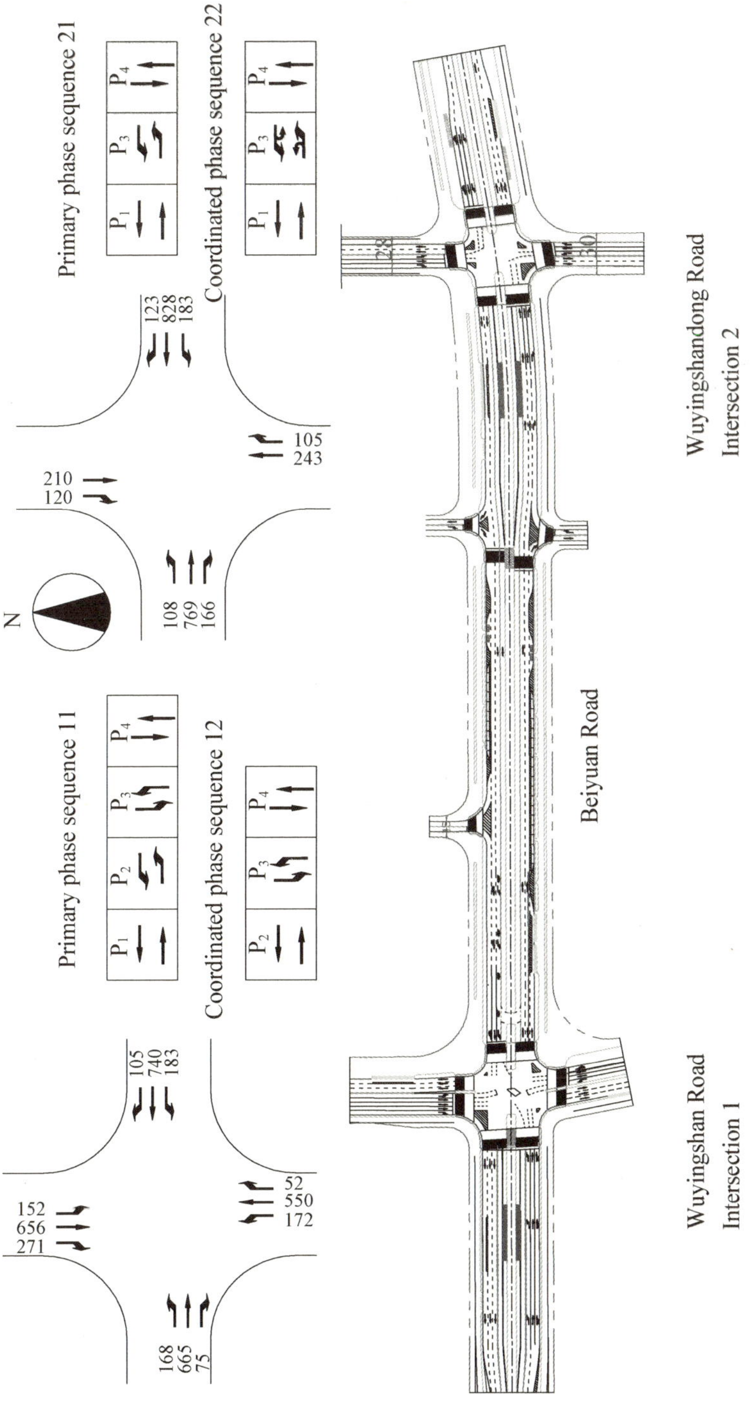

图 4-32 相位协调设计案例

案例分析对比了两种方案的控制效果，其一为左转相位未协调方案，即在无影山路交叉口、无影山东路交叉口都设置东西方向左转相位。则无影山路交叉口为四相位控制，无影山东路交叉口为3相位控制，相位设计如图4-32。其二为左转相位协调设计方案，即在无影山路交叉口禁止东西方向的左转，其中西进口左转通过无影山东路调头，利用U-turn完成左转。相位协调设计后，两交叉口都为三相位控制，如图4-32。其中，无影山东路的调头车流和左转车流公用一个车道。应用CROSSIG进行信号配时参数优化，并利用VISSIM进行方案延误评价分析，结果如表4-5和图4-33所示。

表4-5　信号配时参数和相位机动车延误对比

	Beiyuan Road		Wuyingshan Road (Wuyingshandong)	
	Through	Left	Through	Left
Green time-Primary Phase Sequence 1 (sec/veh)	33	14	47	13
Delay-Primary Phase Sequence 1(sec/veh)	43.9	54.2	35.8	54.6
Green time-Coordinated Phase Sequence 1(sec/veh)	12	—	22	6
Delay-Coordinated Phase Sequence 1(sec/veh)	19.2	—	13.4	22.4
Green time-Primary Phase Sequence 2(sec/veh)	13	5	7	—
Delay-Primary Phase Sequence 2(sec/veh)	10.4	15.4	14.4	—
Green-time Coordinated Phase Sequence 2(sec/veh)	14	8	7	—
Delay-Coordinated Phase Sequence 2(sec/veh)	12.0	15.7	16.3	—

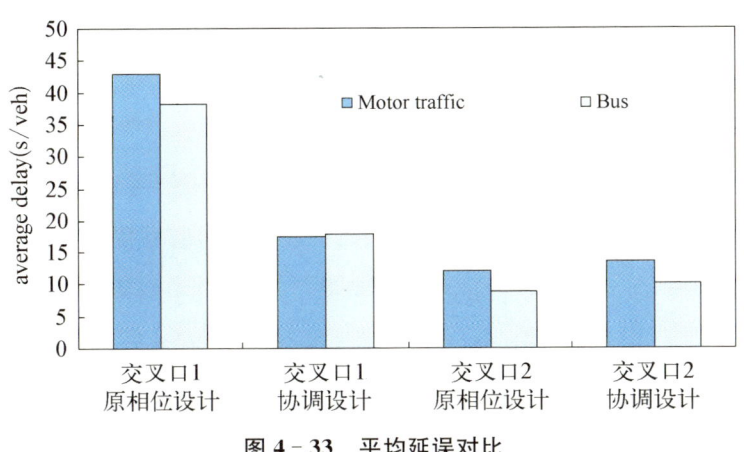

图 4-33 平均延误对比

表 5-4 显示了两种相位设计方案下交叉口的信号配时参数和延误情况。与原来的相位设计方案相比，左转相位协调设计后，无影山路交叉口的各相位机动车平均延误均显著降低，而无影山东路交叉口各相位延误略有上升。同时，无影山路交叉口的信号周期值由 123 s 下降到 52 s。

不同相位设计方案对交叉口车均延误和公交车流延误的影响见图 5-21。显然对无影山路交叉口而言，机动车平均延误降低 59.5%，公交车流平均延误降低 53.1%。与此同时，无影山东路的机动车平均延误增加了 1.5 s，而公交车流平均延误增加了 1.3 s。

4.5.3.6 小结

表 4-5 和图 4-33 共同表明，左转相位的协调设计，能够降低禁左的主要交叉口的机动车延误，提高服务水平，同时亦能够显著降低直行的公交车流延误。与此同时，与其匹配进行协调设计的次要交叉口车均延误和公交车辆延误会有所上升。就本书案例而言，这种上升的幅度和绝对数值远远小于主要交叉口延误降低的幅度和绝对数值。

4.5.4 公交与行人过街相位组合优化

4.5.4.1 基本考虑

行人过街系统是公交系统中及其重要的一环。信号优先控制系统必须同时能够与行人过街控制策略协调，以实现提供信号优先的同时，公交乘客能够顺利地通过人行横道集散和换乘。特别对于路中型公交专用道，公交停靠站也设置在路中的情形下，行人过街控制策略与公交优先控制策略的协调显得尤为重要。基于上述考虑，本节主要研究有中央岛式站台，道路中央行人过街安全岛比较充分的情况下，如何通过行人相位与机动车相位的组合，实现乘客疏散效率最大化。

大多情况下，设置公交专用道的道路路副较宽，而大量的行人又必须穿越该道路才能完成集散和换乘，如图 4-34 所示，设置在中央的岛式公交站台将吸引大量的过街人流，在传统的相位设计中，一般采取只允许行人随本向直行机动车同时通行的方法，由此必然造成公交优先和行人过街之间的矛盾。一方面，由于公交优先，可能会导致横向道路绿灯不能满足行

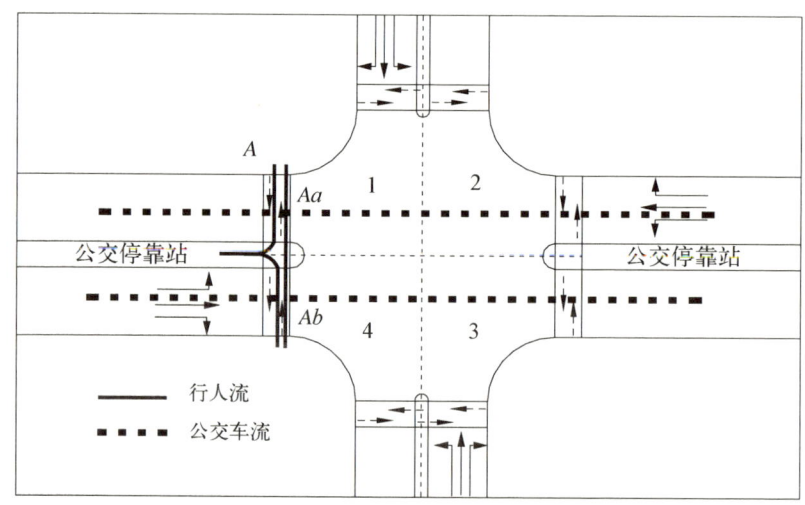

图 4-34 公交优先与行人过街冲突示意图

人过街的最小绿灯时间;另一方面,为了满足行人过街最小绿灯时间要求,无法为公交车辆提供优先。

4.5.4.2 相位组合设计方法

本节提出将行人相位与公交相位和机动车相位进行组合的行人二次过街的方法。行人不但可以利用本向直行相位完成过街,而且可以利用机动车左转相位,分两次通过人行横道。如图 4-34 所示,在南北向左转相位,有车流通过 Aa 段人行横道,此段行人不予放行;而 Ab 段上却没有车流通过,行人则可以放行,部分行人既可以完成上下公交站台。同理,在东西向左转相位时,Aa 段行人可以放行。对于不同的公交相位及机动车相位设计方式,行人过街相位可以采取如图 4-35 所示的方法进行组合设计。

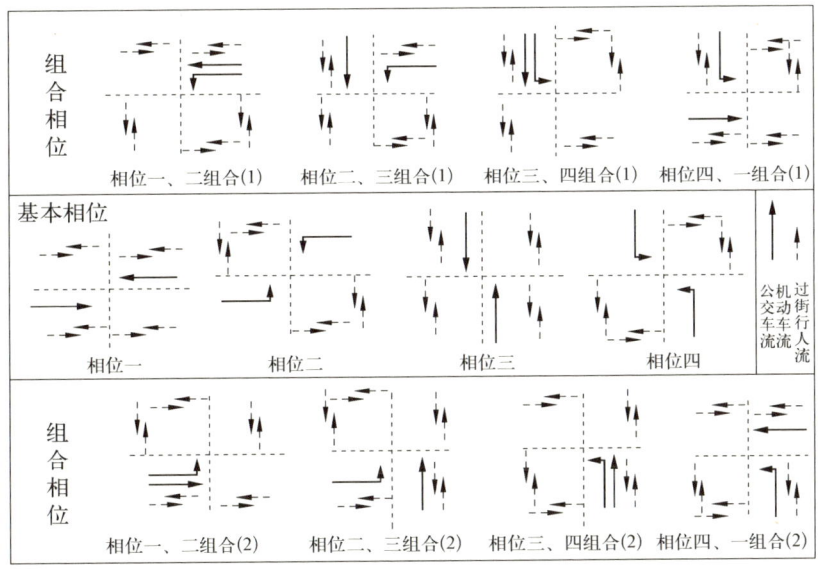

图 4-35 行人与多相位机动车相位的组合

4.5.4.3 对比分析

"相位组合法"并没有增加行人——公交车的冲突点,对公交车和社会车的通行没有产生影响,因此本书只进行现行行人控制方法与"相位组合法"在行人过街交通控制方面效果的对比分析。所采用的指标为行人过街最短绿灯时间和人均过街延误。

1) 行人过街最短绿灯时间

为了保障行人的安全,行人通行相位的绿灯长度应该满足行人从一个安全的驻足区到达另一个安全的驻足区,这个时间长度被称为行人过街最短绿灯时间。行人过街最短绿灯时间是直行机动车相位长度的一个重要约束条件。

传统方法中,行人最短绿灯时间的计算公式如下:

$$g_{0\min} = 7 + \frac{L_{p\max}}{V_p} - I \qquad (4-11)$$

其中,$g_{0\min}$ 为行人过街最短绿灯时间(s);$L_{p\max}$ 为同时放行的最长行人过街横道长度(m);I 为绿灯间隔时间(s);V_p 为行人过街步行速度,常取1.2 m/s。

而在"相位组合法"中,行人的最短过街时间只需要满足行人通过该段人行横道即可,则式(4-11)变为

$$g_{j\min} = 7 + \frac{L_j}{V_p} - I$$

其中,$g_{j\min}$ 为 j 段人行横道所需要的最短绿灯时间;L_j 为 j 段人行横道的长度。

假设驻足区位于道路的正中央,其宽度为 2 m。则相同道路人行横道长度条件下,传统方法和"相位组合法"行人过街所需要的最短绿灯时间对比如表1。

采用"相位组合法"之后,行人过街需要的最短绿灯时间得到很大降低,下降幅度超过 40%,显然,这大大放宽了行人过街对机动车配时的约束。

表 4-6 相位组合法对行人过街最小绿灯时间的影响

横道长度(m)	行人过街最小绿灯时间(s)		
	传统方法	相位组合法	降低比例
20	19	10	44.6%
25	23	12	45.6%
30	27	15	46.3%
35	31	17	46.7%
40	35	19	47.2%
45	44	3	47.7%

2) 人均过街延误分析

以典型的普通四相位信号控制交叉口一条人行横道一个流向的过街行人为例，如图 1 中的 A 横道，从西向东流向的行人。对传统行人相位设计和"相位组合法"行人相位设计条件下的人均过街延误对比分析如下。

假定交叉口行人到达服从均匀分布。如图 1 所示交叉口，信号周期为 T；相序安排如图 2，四个相位的机动车绿灯时间分别为 g_{v1}，g_{v2}，g_{v3}，g_{v4}；行人绿灯时间分别为 g_{p1}，g_{p2}，g_{p3}，g_{p4}；现行相位安排下行人过街人均延误为 d_0，"相位组合法"中行人过街人均延误为 d_n，机动车绿灯间隔时间为 j_v。

● 传统行人相位设计条件下，行人过街人均延误模型

这种情况下，一条人行横道上，一个方向的行人过街人均延误计算如图 4-36。

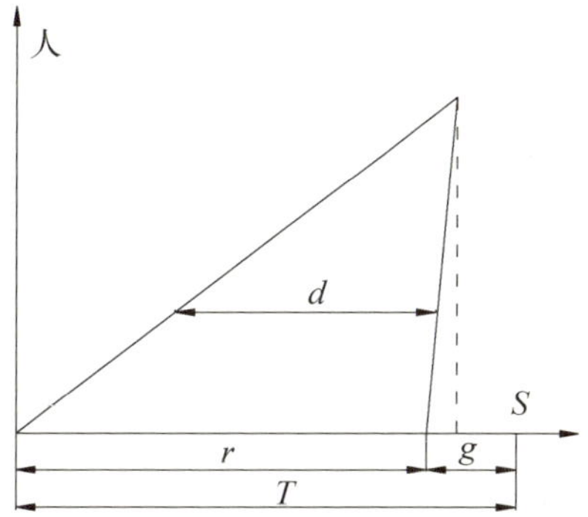

图 4-36 传统行人过街相位设计方法行人延误计算图示

$$d_0 = (T - g_{p1}) 2S_p / 2(S_p - Q_p) T \qquad (4-12)$$

需要指出的是，在这种情况下，g_{p1}必须满足最短绿灯时间的要求。

● "相位组合法"行人过街人均延误模型

情形一：直行机动车相位长度不能够满足行人安全过街的要求，即所有的过街行人必须都在中央驻足区上停留，分两次过街。其过街延误计算与图4-36相同，计算公式如下：

$$d_n = (T + j_2 - g_1 - g_2) 2S_p / 2(S_p - Q_p) T \qquad (4-13)$$

情形二：直行机动车相位能够满足绿灯初期行人安全过街的要求，这部分过街行人一次过街，而其余绿灯时间到达的行人，需要在中央驻足区上等待下次信号，其第一部分过街行人延误计算同图4-36，第二部分人均过街延误计算如图4-37。

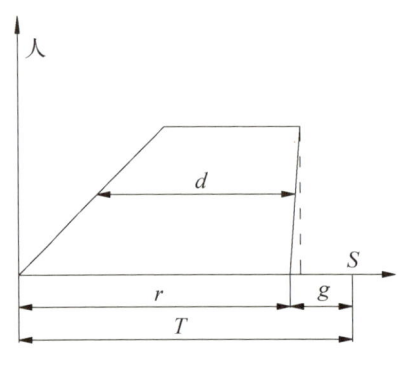

图4-37 组合相位行人过街延误计算

第一部分人的总延误

$$d_{n1} = (g_{v3} + g_{v4} + g_{v2} - g_{p2} + 3j_v) 2Q_p S_p / 2(S_p - Q_p) \qquad (4-14)$$

第二部分行人总延误

$$d_{n2} = [0.5Q_p(g_{v2} + g_{v1} - g_{p1} + j_v)2 + (g_{v1} - g_{p1} + g_3 + j_v) Q_p(g_{v2} + g_{v1} - g_{p1} + j_v) + Q_{p2}(g_{v2} + g_{v1} - g_{p1} + j_v)2/2S_p] \qquad (4-15)$$

则按"相位组合法"设计行人相位后，行人过街人均延误为

$$dn = (d_{n1} + d_{n2})/TQ_p \qquad (4-16)$$

计算结果分析

假定 $g_{pi}=g_{vi}(i=1\sim4)$，$g_{v1}=g_{v3}$，$g_{v2}=g_{v4}$，信号周期 $T=120$ s；人行横道宽度为 4 m，单宽最大通行能力为 1 800 人/绿灯小时；则有传统行人放行方式与"相位组合法"行人延误随 3、4 相位时间的变化如图 4-38。

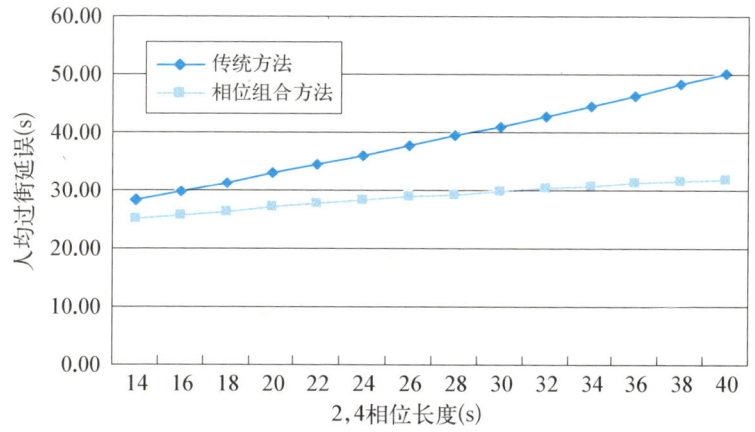

图 4-38 人均过街延误对比

从图中可以看出，"相位组合法"的人均过街延误低于传统行人相位设计方法的人均过街延误。两种情况下行人过街延误都随着 2，4 相位（左转相位）长度的增加而增加，但传统行人相位设置下人均过街延误的增加速度明显大于"相位组合法"；随着 2，4 相位长度从 15 s 增加到 40 s，"相位组合法"人均过街延误比传统方法的人均过街延误的降低的幅度从 12.23% 上升到 36.19%。人均延误的降低意味着过街横道公交客流疏散效率的提升，这对提升公交优先的效果有明显的作用。

4.5.4.4 小结

通过公交与行人过街相位组合优化，实现了以下两个目标：

● 缩短行人过街所需的最短绿灯时间。这一时间的缩短明显放宽了公交优先的约束条件，使得优先策略能够及时实现。同时还改善了行人过街的安全性，并有助于提升公交系统的服务水平。

● 降低了行人过街延误。行人过街延误缩短直接导致乘客集散速度的加快和乘客车外行程时间的降低,进而提升公交系统的服务能力。

4.6 信号相位差优化模型

在信号协调控制系统中,相位差是关键参数,它表明了相邻两交叉口协调相位绿灯起亮的时间差。它的优化是在信号周期已经得到优化后开始进行的,此方面的相关研究较多[73],本书仅从公交优先的角度进行研究。

4.6.1 相位差加权优化模型

考虑公交优先之后,相位差优化的基本思路与相关研究提出的背景交通信号协调相位差模型基本相同,基于 PI 值最小建立目标函数。所不同的为在目标函数中通过给予公交车辆以不同于社会车流的权重来区别社会车流和公交车流,并参考 TRANSYT-7F 的优化模型以及 Alexander (2000)等人提出的模型,将目标函数中单点延误和停车率改造为系统内连线的延误和停车次数,则上述优化模型变为

$$PI = \sum_{i=1}^{N}(W_{Dvi}D_{vi} + K_v W_{svi}S_{vi} + W_{Dbi}D_{bi} + K_b W_{sbi}S_{bi}) \quad (4-17)$$

其中,N 为系统内连线的数目;D_{vi},W_{Dvi} 分别为连线背景交通延误(s)及其权重;D_{bi},W_{Dbi} 分别为连线公交车辆延误(s)及其权重;S_{vi},W_{Svi} 分别为连线背景交通停车次数(s)及其权重;S_{bi},W_{Sbi} 分别为连线公交车辆延误(s)及其权重;K_v 为背景交通停车次数与延误的换算系数;K_b 为公交车辆停车次数与延误的换算系数。

相位差模型的关键不在于求解算法(因其为离线控制策略,对算法的速度要求不高),而在于如何描述公交车辆运行状态的不确定性(社会车流

运行状态预测模型已有较多研究)。也就是说,经过一系列假定之后优化出来的相位差,在公交车辆实际运行状态波动下,能否实现预期的效果。Yagar(1993)对被动优先控制策略的研究正是由于没有考虑这种不确定性而没有取得预期效果。包括后来的 Alexander(2000)等的研究中,也都没有深入探讨这一问题。下文将对此进行初步探索。

4.6.2　公交信号相位差的敏感性分析

在离线控制参数和离线评价指标等的优化计算中,包括 HCM2000 在内,一般输入变量均采用均值(Xiaojin Ji,2007)。交通本身固有的不确定性决定着这种操作方法的局限性[108][109]。公交车辆在两个交叉口间的行程时间,特别是在停靠站的停靠时间具有较大的不确定性,这种不确定性可能会直接导致用均值计算出来的信号控制方案失效。诸多研究也指出,虽然提供公交绿波是最有效的离线控制策略,但是由于公交车辆的不确定性,其实施效果也很难达到。

造成这些问题的主要原因即为控制方案对输入变量波动性的影响考虑不足。控制方案的输入变量应该是一个范围,或者服从某种分布,如图 4-39,而

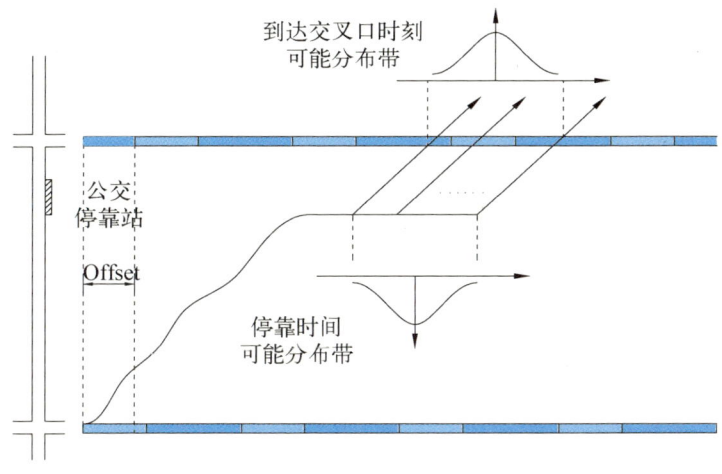

图 4-39　公交相位差计算输入参数的波动性

不是一个单一的值。由于公交专用道条件下，停靠时间是公交车辆路段运行状态波动的主要因素，下文以一个单向行驶的道路连接的两个交叉口为对象，分析最优相位差下，公交车辆在交叉口中间的停靠时间对公交车辆延误的敏感性，敏感性分析有多种方法[110]，试图通过敏感性分析图的方法来分析。

1) 分析对象

采用 VISSIM 对车辆单向行驶的相邻两个两相位的交叉口进行分析，交叉口间距 200 m，在交叉口的出口道设置有一个公交停靠站。交叉口之间的路段上有一条公交专用道和一条社会车道，如图 4-40 所示。为模拟公交车辆在路网上的随机运行特点，在公交车辆进入路网处的位置，设置一公交停靠站，用以离散均匀间隔到达的公交车辆。在仿真中，设定公交车辆运行速度为 25 km/h，社会车辆运行速度为 40~45 km/h，信号周期为 100 s，两个交叉口公交相位绿信比均为 0.37。仿真中初始设定公交停靠时间为 20 s。

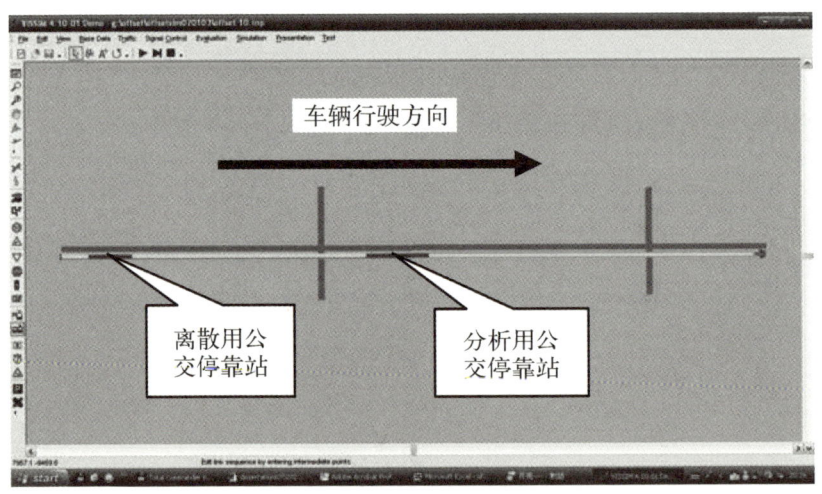

图 4-40 相位差敏感性分析研究对象

2) 公交最优相位差

在仿真中，相位差从 0 到 100 以步距为 10 递增，公交车辆和社会车流车均延误随相位差增加的变化趋势如图 4-41。

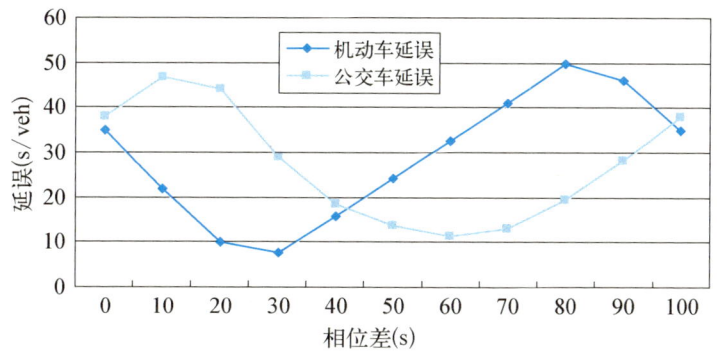

图 4-41 车均延误随相位差的变化趋势

从图中可以看出，公交车流和社会车流的最佳相位差不重合。采用式(4-17)的优化模型，可以寻找到两者之间的平衡最优点。本书取公交最佳相位差为研究对象，经差值法运算，得公交最优相位差为 64 s，此时公交车辆延误平均延误为 11 s。

3) 敏感性分析

将公交停靠时间在 -75%～400% 之间波动，重新进行仿真分析，得到公交车辆延误的变化情况如图 4-42。可以看出，停靠时间的小幅度波动，对车辆延误的影响较小，这种影响可能为正，也可能为负。而当停靠时间

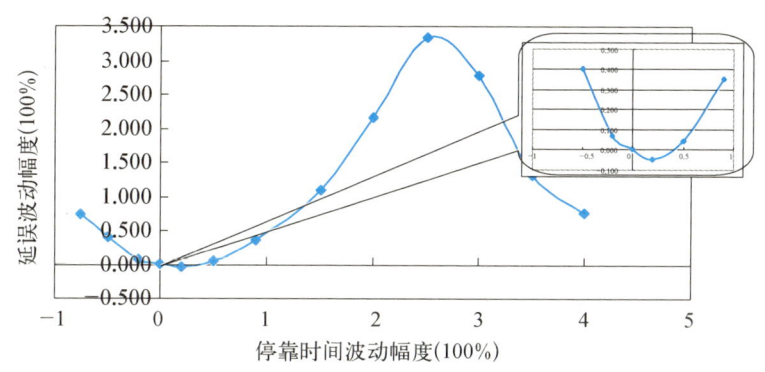

图 4-42 停靠时间敏感性分析

的波动较大时,对车辆的延误影响较大,且可能变最优相位差为最劣相位差。图4-42很好地解释了Yagar(1993)所提出的被动优先策略未能奏效的现象。其采用的TRANST模型不能很好地体现公交车辆停靠时间的波动性,因而会在应用中失效。同理,在公交停靠时间波动性或者说公交运行状态波动性较大且难以估计时,本节前面提出的模型(4-17)如果不考虑这一因素,同样会在应用中陷入困境。因而,必须根据车辆实际运行状态的波动情况,对模型所求结果进行敏感性分析。并在此基础上,重新评价模型(4-17)中所采用的权重的合理性。因为实际上,模型(4-17)为了尽可能为公交提供绿波,而对社会车辆的最优相位差进行了调整。如果这种调整得到的效益不足以抵消其给社会车辆带来的损失,则失去了(4-17)建模的初衷。

4.6.3 考虑停靠站布局的信号相位差优化

当公交最优相位差与社会车辆最优相位差较接近时,模型(4-17)能够求得较好的结果,而当二者的差距较大,即当图4-41中社会车流的"波峰"与公交车流的"波谷"相重合时,模型(4-41)给出的结果并不一定能够令人满意。此时,在其他条件允许的情况下,可以通过调整交叉口间停靠站的相对位置,来改变公交相位差"波峰"和"波谷"的位置,使其接近社会车流

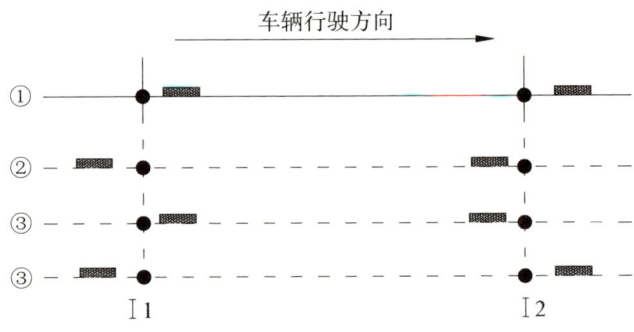

图4-43 相邻停靠站在相邻交叉口的相对位置

的最优相位差(马万经,杨晓光,2007)。

对于两个相邻的交叉口及停靠站而言,其相对位置有四种情况:进—进、进—出、出—进和出—出,如图 4-43 所示。每一个停靠站的停靠时间及其波动程度不同,通过对其位置进行灵活组合,能够求得最接近社会车辆最优相位差的公交最优信号相位差。

第5章 在线公交优先控制策略

在线公交优先控制策略根据公交车辆运行实时信息,结合社会车流的运行状态及背景信号控制方案,为特定状态的公交车辆提供信号优先。由于信号优先控制方案的生成过程也是背景交通控制方案改变的过程,因而进行信号优先的同时必须考虑其控制策略对背景交通的影响。本章从在线优先控制策略的主要任务和目标分析入手,提出了总体的在线优先控制逻辑,在这一逻辑中,首先明确了背景控制方案和优先控制策略的定位和逻辑关系。在此基础上,分别研究了交叉口群协调优化模型和单点感应逻辑模型。

5.1 在线优先策略的任务与目标

5.1.1 在线优先策略的基本任务

一方面,公交车辆在信号控制交叉口的延误可能占行程时间的15%以上。这就意味着,在交叉口进行信号优先可以显著提高公交车辆的运行速度及公交系统的运行效率,乘客和运营商都能从中受益。另一方面,受中途站点停靠时间波动、途经交叉口信号延误及其他干扰的影响,公交车辆会经常发生偏移调度计划的情形,如"晚点"、"早到"和"串车"等。由于公交车辆特有的停站特性,这种波动如果不能及时得到控制,其偏移幅度有放大的趋势。同时单个车辆运行状态的偏差还会影响后续车辆的运行状态,进而导致车队运行秩序的紊乱。在线优先策略即为调整这种波动的重要手段。

在进行控制策略调整的过程中,系统同样需要考虑这种调整对社会交通流带来的影响。同时,优先策略的调整还需要考虑到确保相位切换期间各交通流的安全性及确保行人过街所需的最小绿灯时间与安全性。

综上分析,其基本任务归结如下:

1) 判断控制区域内车辆运行状态,并及时与其调度方案规定的运行状态进行对比;

2) 优化调整交叉口的信号配时,恢复车辆的运行状态;

3) 确保社会车流运行状况维持在一定的服务水平;

4) 保障整个交通系统的安全性。

5.1.2 在线优先策略的目标

从控制策略的任务分析可以看出,由于引入了公交车流,在线优先控制显然是一个多目标规划问题。本章采用了将社会交通流控制目标转化为约束,将公交优先变为单目标的方法进行信号优先控制。在接收到优先申请之前,交通控制系统根据背景交通的实时信息,结合离线优先控制方案,已经生成并正在运行一套信号控制方案,在本书中假定其为最优方案。信号优先意味着考虑公交优先请求后对这一方案进行再优化。为减少信号优先对背景交通的影响,优先策略对原方案的扰动程度作为控制策略的约束条件。

在优化过程中,假定对速度的要求已经体现在调度目标中,也即调度目标是在假定在线优先控制方案生效的基础上制定的。

在线优先控制的目标确定为：在动态调度方案的配合下，通过对途经交叉口的信号配时的优化，使得车辆运行状态与调度规定的运行状态偏差最小。这一控制目标包含三层含义：

1) 系统为特定的公交车辆提供优先。优先的对象是有选择的，仅仅为偏离的预定运行状态一定范围的车辆提供信号优先。

2) 仅提供一定程度的优先。由于优先的目标为车辆运行状态偏差最小化，也就是使说，即使系统并不是向每一辆满足优先条件的车辆都提供最大程度的优先权，而是根据偏离状态的程度和优先预期的效果进行优先尺度的判断。

3) 信号控制策略需与动态调度策略相互配合。在本书中，不研究调度方案生成方法，并假定调度方案最优且可根据控制的要求微调。本章仅讨论控制策略的优化，在线控制策略与动态调度策略的协调将在第六章进行深入研究。

因而，对公交车辆而言，在线优先控制的主要作用在于提高公交车辆运行可靠性。

5.2 在线优先策略的基本考虑

5.2.1 有条件信号优先

根据控制目标，系统将提供有条件的信号优先。在相关的有条件信号优先的研究中，进行信号优先的条件大多定义为"晚点"，即当公交车辆比预定的时刻晚到达相应停靠站的时间超出一定的范围之后提供信号优先。本书定义的条件为车辆的状态偏移值。这一条件下，信号控制系统不但相应"晚点"车辆的需求，也会对"早到"的车辆进行响应。

5.2.2 系统协调与单点感应相结合

本书强调系统协调控制与单点感应控制的结合,其基本考虑为:利用系统协调控制对公交车辆和背景交通在控制网络内的整体运行情况的把握,预测公交车辆和背景交通未来的运行状态,进而提出全局最优的解;单点控制以实现系统控制策略为目标,根据车辆运行的实际情况对信号控制方案进行微调。二者的组合克服了系统协调控制实时性差和单点优化范围有限的缺点,并使整个控制系统具备了既能满足公交车辆和背景交通的协调要求,又能应对运行状态的实时波动的能力。

5.2.3 相邻交叉口间的信号协调内容

这种协调关系体现在两个方面:其一,背景交通信号的协调,信号优先方案不能打断背景交通的信号协调,或在打断之后须尽快返回协调系统;其二,信号优先的协调;忽视相邻交叉口优先信号协调,将导致信号优先的失效。

5.2.4 多申请下的信号优先

多个优先申请,在时间序列上表现为后续申请与在接受服务申请的相互影响,在空间序列上表现为不同进口道、不同流向多申请优先权的竞争。

5.2.5 信号优先的实时性

信号优先的实时性表现在申请响应的实时性和算法的实时性。申请响应的实时性表现为:由于一般公交优先申请检测器距离交叉口较近,从接受到优先申请到车辆到达停车线的时间较短,欲对该申请进行服务,则必须在这段较短的时间内对信号控制方案做出调整。算法的实时性也表现在,在上述短暂的时段内,除去通信时间,控制系统进行优化的时间非常有限。

5.3 在线优先控制系统架构

5.3.1 系统功能模块设计

在线优先控制系统主要分为如下三个主要模块,见图 5-1。

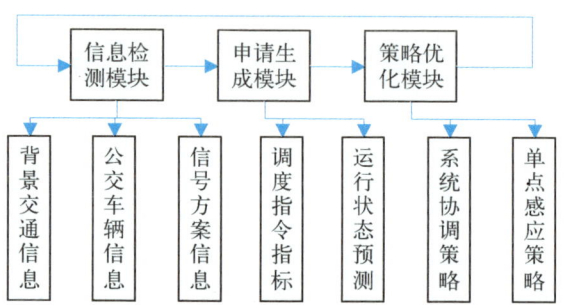

图 5-1 信号优先控制策略构成模块

1) 信息检测模块

包括公交车辆信息、背景交通信息及信号控制方案信息三方面内容。

2) 申请生成模块

根据车辆运行状态及其预测结果,对比调度指标,将不满足标准的车辆列入优先申请序列。

3) 策略优化模块

通过系统协调和单点感应对申请车辆提供优先,同时在该策略中考虑在服务申请及不需优先的车辆的状态。

5.3.2 在线优先总体控制逻辑

本书不刻意区分主动优先与实时优先的概念的区别,在线优先界定为根据实时交通运行状况(包括背景交通运行状况和社会车流运行状况)为公交车辆提供优先。由于公交车辆不但受道路网络上交通信号的影响,而且还受到公交运营调度系统的控制。在不同的调度策略下,公交车辆的运行规律不同,对公交事件(客流波动、晚点等)的响应机制不同,这些因素都会影响优先控制的必要性和效率。因而,在在线优先控制策略实现的过程中,考虑动态调度的作用及其对信号优先的影响,如图5-2所示。控制系统接收调度信息,并首先判断检测到的车辆是否应采取某种动态调度策

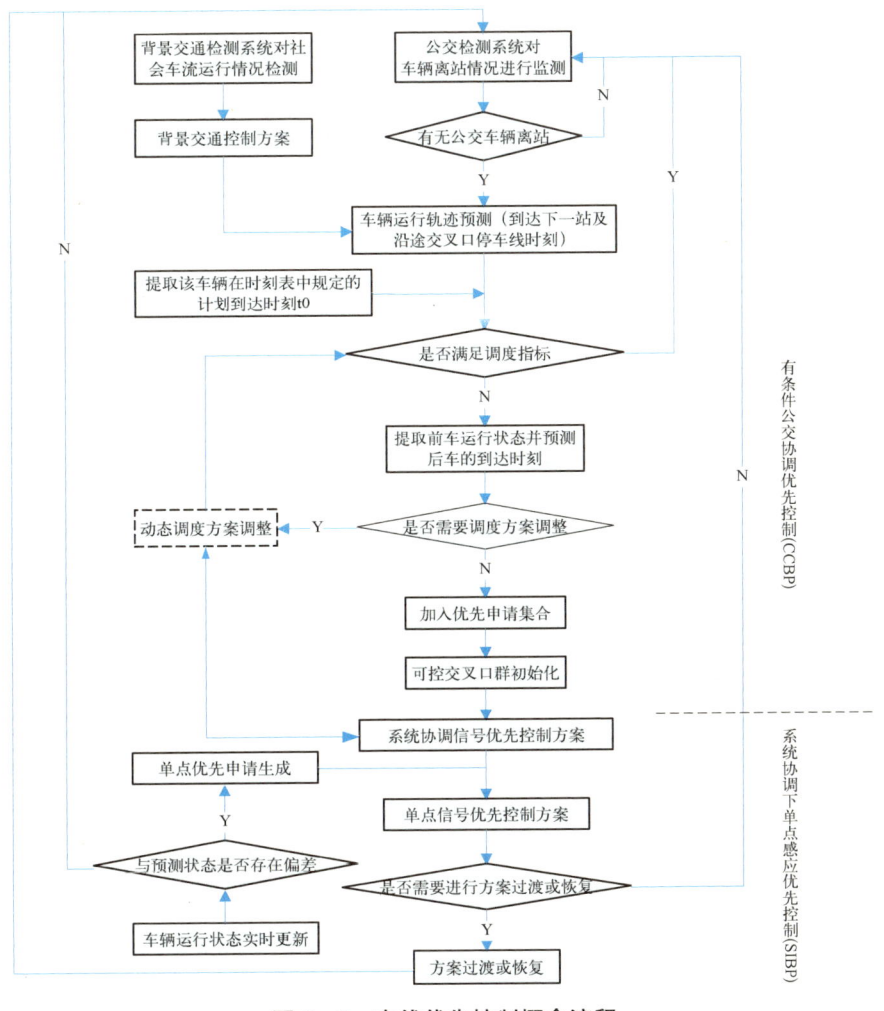

图5-2 在线优先控制概念流程

略,然后再进行信号优先。

系统通过系统协调和单点感应对满足优先申请条件的车辆进行优先。在系统协调层,本书提出了有条件公交协调优先控制模型(CCBP),详见第5.4节;在单点感应层,本书提出了系统控制下的单点感应逻辑(SIBP),详见第5.5节。

相对于公交流量较小的情形,当公交流量较大且运行状态较不稳定时,公交优先申请频繁,在优先控制系统运行之后,将很难找到无申请的周期进行方案恢复,或者说对非优先车流进行补偿。本书提出了用在公交优先控制模型中增加相位调整约束的方法,来限制公交优先对非优先车流的影响。出于逻辑完整性的考虑,在图5-2所示的逻辑中,仍然加入方案恢复的步骤。

5.4 在线公交优先协调控制模型(CCBP)

5.4.1 协调模型基本考虑

在目前的许多控制系统中都包含了公交优先的功能。SCATS的公交优先逻辑包括绿灯延长,特殊相序及对非优先相位的补偿等。SCOOT提供公交绿灯延长和红灯早断等功能,系统基于用户设定的饱和度指标避免非优先车流延误的过度增加。在伦敦的实践分析表明,SCOOT系统能够降低公交延误5~10 s,同时对非优先车流的影响较小[111]。UTOPIA系统通过滚动优化的方法为公交车辆提供绝对优先,相关研究证明其能够降低约20%的公交车辆平均延误,同时对非优先车流影响不大。

现有这些公交优先系统(算法),一类为公交车辆提供绝对优先,一类为相对优先。绝对优先类系统由于没有考虑公交车辆实际的优先需求,逐渐被相对优先算法所替代。现有相对优先控制算法一般以公交车辆时刻表为依据进行判断是否给予车辆优先。大多数相对优先算法在判断本交叉口是否进行优先的过程中,很少考虑不同控制方案下公交车辆在下游交叉口的到达时刻、延误及可能采取的优先策略,即没有考虑相邻交叉口公交优先策略的协调。然而相邻交叉口优先策略的协调对每一个交叉口优先策略的有效性有重要影响。比如,在上游交叉口提前获得绿灯,可能会导致车辆在下游交叉口等待更长的红灯,从而使上游交叉口的优先策略失去实际意义。

现有相对公交优先算法的另一个不足在于其仅仅考虑为"晚点"的公交车辆提供优先,而没有对"早到"的公交车辆的优先控制策略。然而"早到"同样导致车辆丧失准点性,并会影响后续车辆的运行,且有可能与前车形成"串车",降低公交系统的可靠性和服务水平。

现有公交优先算法的第三个不足在于公交车辆检测器仅仅置于交叉口前与停车线距离很近的位置。由于从检测到车辆至车辆到达交叉口停车线的时间很短,交叉口可采取的优先策略和优先程度都受到了制约。特别是在行人过街清空时间较长等情形,这种制约更加明显。这种制约下,要么不能实现公交优先,要么会采用优先程度极高的优先策略。而优先程度极高的策略往往会对非优先车流造成较大的不利影响。

为克服上述缺点,本书提出了有条件公交协调优先控制方法和模型(Coordianted and Conditional Bus Priority,以下简称CCBP)。以协调控制交叉口群作为控制对象。在公交车辆到达控制对象第一个交叉口停车线前1个周期以上时间进行检测(这可以通过公交车辆 AVL 系统来实现)。控制目标为车辆通过协调控制交叉口群的容许延误,同时考虑车辆在上游交叉口群实际延误与容许延误的偏差。这一目标可以通过公交调度系统的指标计算得出,相对于本交叉口群下游的停靠站而言,这以目标相当于准点目标。同时,由于考虑了上游交叉口群的延误偏差,对于公交车队而言,此目标又相当于车头时距均衡目标。在这一控制目标下,本模型不仅对"晚点"(延误大于容许延误)公交车辆提供优先,同时也对"早到"(延误小于容许延误)公交车辆提供"优先",与 Meenakshy Vasudevan and Gang-Len Chang(2005)等人列出的前人研究成果有很大的不同。

5.4.2 协调模型总体设计

5.4.2.1 总体设计思想

有条件公交协调优先控制方法主要有如下基本设计思想:

1) 以协调控制交叉口群为控制对象。其原协调控制方案已知,公交优先在该协调控制方案上进行调整;

2) 控制目标为车辆在该交叉口群的实际延误与容许延误的偏差最小;

3) 不打断原控制方案的协调,优先控制策略不改变信号周期和相位差;

4) 不对原方案相序进行较大调整;

5) 不但考虑背景交通信号的协调,而且考虑交叉口群内各交叉口优先策略的协调;

6) 实现优先程度,也即对每一个交叉口信号控制方案的改变程度,根据交叉口群内各个交叉口背景交通的运行状态(延误及排队情况)进行平衡分配;

7) 控制依据为偏移值,偏移值含正、负两种情况,即包括"早到"和"晚点";

8) 公交车辆提前检测。即车辆信息在到达控制对象1~2个周期之前送到优先控制系统中。

5.4.2.2 模型优化逻辑

图5-3描述了有条件公交协调优先控制的总体逻辑。其中,信号相位约束,包括绿灯时长约束、强制转换时间等,需要根据实时的交通运行状况

第5章 在线公交优先控制策略

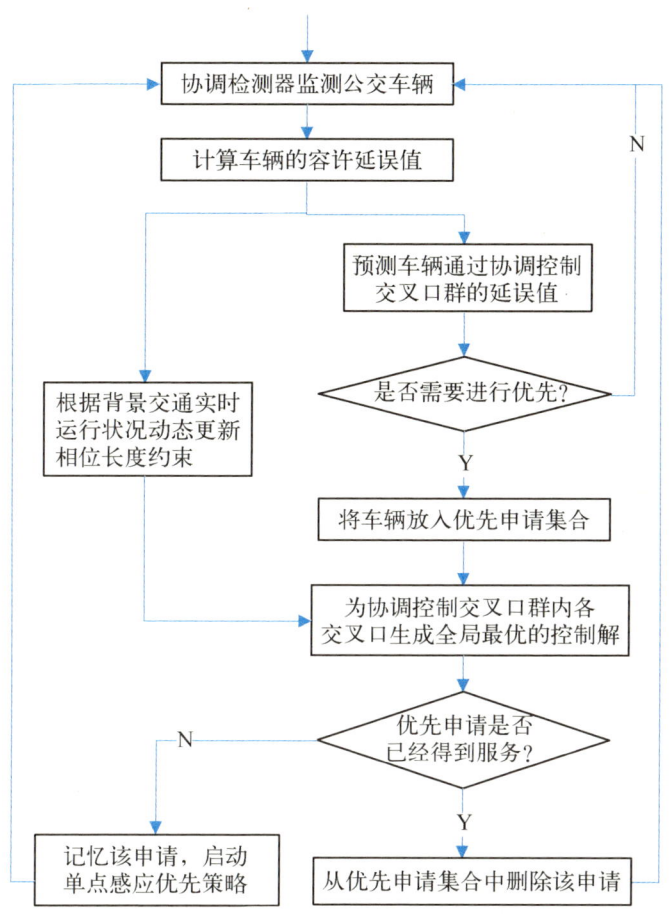

图 5-3 CCBP 总体流程

进行更新,进而作为公交优先策略调整信号方案的约束。这些约束用来确保原协调方案不被打断,且优先方案不会引起非优先车流运行状况的恶化。

5.4.2.3 模型体系设计

根据 CCBP 的基本考虑和总体逻辑,该优先控制方法有如下五个主要模型:

1) 公交车辆延误预测模型。该模型具有两部分功能：其一，根据原协调控制方案，预测公交车辆通过交叉口群的延误；其二，根据公交优先控制方案，预测公交车辆通过交叉口群的延误。

2) 公交优先申请生成模型。该模型用于判断是否该给予通过检测器的车辆以优先权。

3) 优先控制策略及相应的公交延误计算模型。提出可以选择的优先控制策略及该策略下公交车辆的延误。包括两大类优先控制策略：其一为降低公交延误策略，其二为增加公交延误策略。

4) 优先策略协调优化模型。以车辆通过整个交叉口群延误与许可延误为目标，选择最合适的优先控制策略组合，确定每个交叉口的优先策略和参数。

5) 多申请排序模型。通过申请生成模型，系统已经对即将进入控制区域的公交车辆进行了一轮筛选。在处理满足要求的多申请时，建立了决策树模型进行最优排序的求解。

5.4.3 公交车辆延误预测模型

5.4.3.1 基本假定

按照延误发生的地点，公交车辆延误可主要分为停靠站延误（D_{stop}）和交叉口延误（D_{inter}）。D_{stop}有多种影响因素，包括停靠时间、加减速时间等等。为突出主要问题，本书作如下假定：

1) 具有公交专用道，专用道上公交车辆不受外界干扰；

2) 公交车辆的停靠延误为一常数；

3) 在交叉口之间的路段上，公交车辆运行速度为一常数；

4) 交叉口进口道公交专用道上没有车辆排队，并忽略车辆的加减速延误；

5) 控制中心可以实时获得交叉口的信号运行状态。

5.4.3.2 模型参数

设在一个协调单元内,共有 N 个交叉口,交叉口共同信号周期为 C;M_i 为交叉口 i 的信号相位数;公交相位为第一相位,g_{ij} 为交叉口 i 相位 j 的绿灯时间;I_{ij} 为交叉 i 相位 j 与下一相位的绿灯间隔时间;O_i 为交叉口 I 与上一交差口的相位差,其中 $O_1=0$;L_i 为交叉口 i 与上一交叉口的距离,其中 L_1 为车辆从协调检测器到第一个交叉口停车线的距离;K_i 为车辆到达交叉口 i 时信号运行时间(从周期开始持续的时间),K_0 为车辆通过检测器时,第一个交叉口的信号运行时间,v_i 为车辆在交叉口 i 与 $i-1$ 之间的运行速度;t_{li} 为车辆通过 L_i 所需要的时间。

5.4.3.3 延误计算模型

根据第四条假设,公交车辆在交叉口的延误为车辆到达交叉口时的剩余红灯时间。因而公交车辆延误的预测可以分为两步,第一步预测车辆到达交叉口的时间,第二步计算车辆到达时刻的剩余红灯时间。

1) 路段行驶时间

假定车辆在路段上匀速行驶,则路段行驶时间 t_{li} 可由下式求得。

$$t_{li} = L_i/v_i (i=1,2,\cdots,N) \tag{5-1}$$

2) 停靠影响时间

令:

$$t_{sni} = \begin{cases} 0 & 停靠站位于出口道 \\ d_s & 停靠站位于进口道 \end{cases} \tag{5-2}$$

$$(i=1,2,\cdots,N)$$

$$t_{sfi+1} = \begin{cases} d_s & 停靠站位于出口道 \\ 0 & 停靠站位于进口道 \end{cases} \tag{5-3}$$

$$(i=1,2,\cdots,N-1)$$

其中，t_{sni} 为进口道停靠站影响时间(s)；t_{sfi} 为出口到停靠站影响时间(s)。t_{sni}，t_{sfi} 取值的意义为：本交叉口进口道的停靠站，影响车辆到达本交叉口停车线的时间，而出口道停靠站影响车辆到达下一交叉口停车线的时间。当在交叉口 $i-1$ 与 i 之间有多个停靠站时，d_s 为多个停靠站停靠延误总和。

则停靠对车辆到达交叉口 i 的影响时间为

$$t_{si} = t_{sni} + t_{sfi} (i = 0,1,2,\cdots,N) \tag{5-4}$$

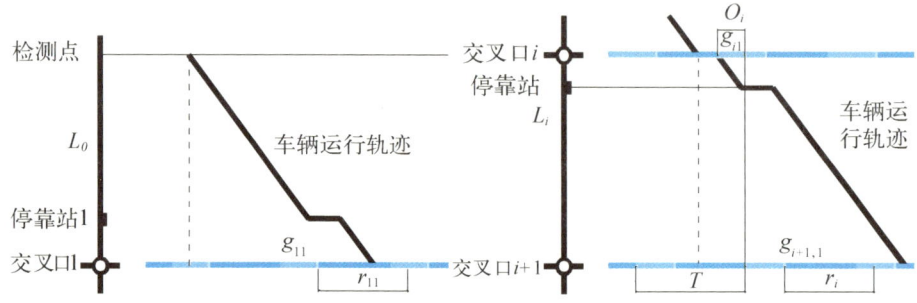

图 5-4 相邻交叉口计算参数示意图

则车辆从进入系统至其到达交叉口 1 所需的时间为

$$t_1 = t_{s1} + t_{l1} \tag{5-5}$$

车辆到达交叉口 1 时，其信号运行状态可以通过求解 t_1 对信号周期 T 的余数得到，即

$$K_1 = (K_0 + t_1)\mathrm{Mod}(C) \tag{5-6}$$

同理，车辆从离开交叉口 $i-1$ 至其到达交叉口 i 所需的时间为

$$t_i = t_{si} + t_{li} \tag{5-7}$$

则有：

$$K_i = (K_{i-1} - O_i + t_i + d_{bi-1})\mathrm{Mod}(C) \quad (i=2,3,4,\cdots,N) \tag{5-8}$$

公交车辆在交叉口的延误 d_{bi} 由两部分组成，其一为红灯延误 d_{bis}，其

二为车辆加减速延误 d_{bia}。本文假定忽略车辆加减速延误，则车辆在交叉口 i 的延误为

$$d_{si}^b = \begin{cases} 0 & 0 < K_i \leqslant g_{i,1} \\ T - K_i & g_{i,1} < K_i \leqslant T \end{cases} \qquad (5-9)$$

则公交车辆通过整个系统发生的的总信号控制延误为

$$D_j = \sum_{i=1}^N d_{bi}^b \qquad (5-10)$$

车辆通过整个系统的停靠延误为

$$D_s = \sum_{i=0}^N d_{si} \qquad (5-11)$$

由于信号控制延误计算已经考虑了停靠带来的影响，因而计算总延误时可以将二者直接相加。所以车辆通过整个系统发生的总延误为

$$D_b = D_j + D_s = \sum_{i=1}^N d_{bi} + \sum_{i=0}^N d_{si} \qquad (5-12)$$

5.4.4　优先申请生成模型

优先控制算法须能够准确地根据车辆运行状况和预先设定的目标判别是否给予某一特定的公交车辆以优先。本书将公交延误延误的偏移值最小为是否启用优先策略的判别依据。并预先设定许可的偏移范围。将根据上述模型预测的延误值与预先设定的容许延误值进行比较，如果预测延误值超出许可偏移范围，则将该辆公交车纳入优先申请集合中；否则，不仅行优先计算。同时，优先申请生成时还考虑车辆在通过上游交叉口群时的延误偏移值，将其纳入本交叉口群优先判别的过程中。设 D_{bp} 为车辆在上游交叉口群的延误偏移值；D_{bs} 为本交叉口群容许延误；D_{brange} 为预先设定的延误偏移许可阀值；$P_{decision}$ 为二元变量，当其值为 1 时，生成优先申请，当其值为 0 时，则不生成优先申请。$P_{decision}$ 可一通过下述不等式计算：

$$P_{decision} = \begin{cases} 0 & |D_b + D_{bp} - D_{bs}| \leqslant D_{brange} \\ 1 & |D_b + D_{bp} - D_{bs}| > D_{brange} \end{cases} \quad (5-13)$$

5.4.5 优先策略与延误计算

针对"晚点"和"早到"的公交车辆,提出了两大类优先控制策略:降低延误策略和增加延误策略。如果 $D_b + D_{bp} - D_{bs} > D_{brange}$,意味着车辆晚点,则采用降低延误策略;如果 $D_b + D_{bp} - D_{bs} < -D_{brange}$,意味着车辆"早到",则采用增加延误策略。

5.4.5.1 降低延误策略

降低延误策略包括公交相位绿灯延长、公交相位红灯缩短和插入公交专用相位三种方法,如下图 5-5 所示。不同的优先方法产生不同的公交车辆延误。设 t_{ba} 代表车辆到达交叉口的时刻,对于一个给定的交叉口 i,t_{ba} 与 K_i 相等;g_{ge} 代表最大绿灯延长时间;g_{rt} 代表最大红灯早断时间,g_{in} 代表插入相位的长度。

公交绿灯延长后的公交车辆延误 d_{ge}:对与一个给定的交叉口 i,当 $g_i < t_{ba} \leqslant g_{ge} + g_i$,可以选择公交绿灯延长方法实现公交优先。绿灯延长成功之后,公交车辆能够在绿灯时间内通过交叉口,其延误为

$$d_{ge} = 0$$

插入专用相位后的公交车辆延误 d_{in}:对于一给定的交叉口,如果 $g_i < t_{ba} \leqslant g_{ip} + \sum_{j=1}^{p-1} g_{ij} + I_{ij}$ 则可以选择插入公交专用相位进行信号优先。公交专用相位可以在相位 p 后插入,也可以在后续的相位之间插入,如图 5-5 所示。其延误可以用下式计算:

$$d_{in} = \begin{cases} 0 & t_{in} < t_{ba} \\ t_{in} - t_{ba} & else \end{cases} \quad (5-14)$$

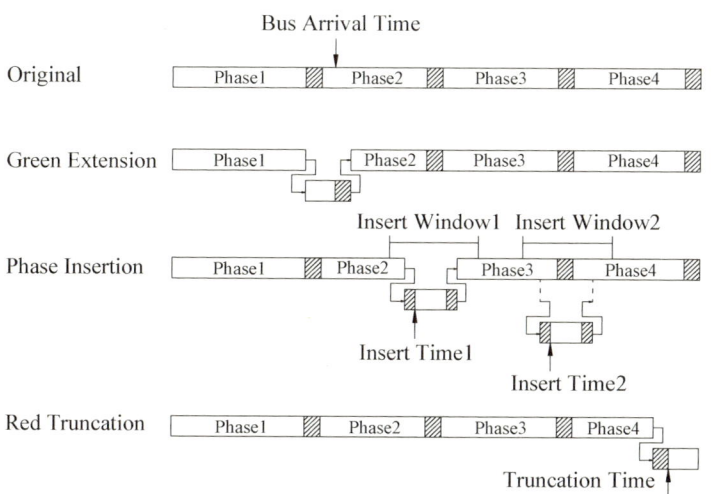

图 5-5　降低延误策略

其中，t_{in} 为插入相位的开始时刻(s)。

从图 5-5 中可以看出，对同一辆满足 $g_i < t_{ba} \leqslant g_{ip} + \sum_{j=1}^{p-1} g_{ij} + I_{ij}$ 的公交车辆，可以在不同的相位间插入专用相位。满足插入相位的约束之后，最佳的插入时刻需要根据后续的优化模型确定。

红灯早断后的公交车辆延误 d_{rt}：如果 $g_i < t_{ba} < C$，则可以选择红灯早断进行优先，红灯早断后，公交车辆延误可以由下式计算。

$$d_{re} = \begin{cases} 0 & t_{rt} < t_{ba} \\ t_{rt} - t_{ba} & else \end{cases} \quad (5-15)$$

其中，t_{rt} 为红灯早断时刻(s)。

5.4.5.2　增加延误策略

当公交车辆"早到"时，应采取增加延误的控制策略。两种方法可用于增加公交车辆延误，其一为公交绿灯早断，其二为公交红灯延长，如图 5-6。设 g_{gt} 表示公交绿灯最大早断时间，g_{re} 表示公交红灯最大延长时间。

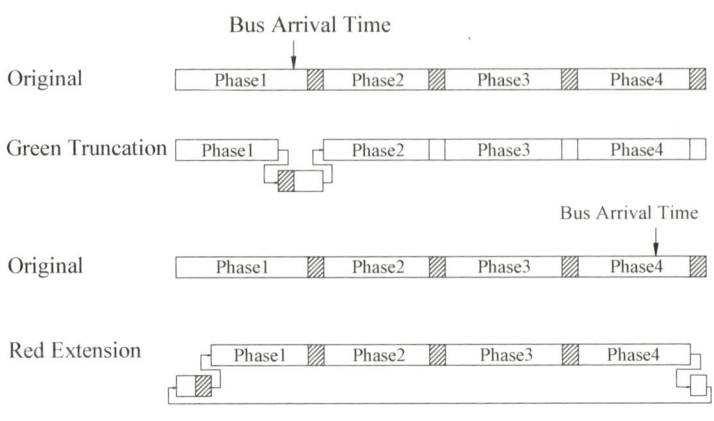

图 5-6 增加延误策略

绿灯早断下的公交车辆延误 d_{gt}：当 $g_i - g_{gt} < t_{ba} \leqslant g_i$ 时，可以采用绿灯早断策略。早断后，公交车辆延误为

$$d_{gt} = C - t_{ba} \qquad (5-16)$$

红灯延长下的公交车辆延误 d_{re}：当 $g_i < t_{ba} \leqslant C$ 时，可以采用红灯延长策略。红灯早断后，公交车辆延误为

$$d_{re} = C - t_{ba} + g_{re} \qquad (5-17)$$

5.4.6　优先时间分配模型

设 g_{ip} 代表交叉口 i 为公交车辆提供的优先时间。g_{ip} 在数值上应等于 g_{ge}，g_{rt}，g_{in}，g_{gt} 和 g_{re} 中的一个。g_{ip} 可能为正值（增加公交车辆延误策略），也可能为负值（降低公交延误策略）。需要对信号相位进行压缩和扩展来提供 g_{ip}。每一相位的扩展/压缩时间通过相位饱和度/饱和度的倒数进行加权分配。

$$g_{ij}^p = g_{ij} + \frac{x_{ij}}{\sum_{j=2}^{M_i} x_{ij}} g_{ip} \ (g_{ip} > 0, \ i = 1, 2, \cdots, N \quad j = 2, 3, \cdots, M_i)$$

$$(5-18)$$

$$g_{ij}^p = g_{ij} + \frac{\dfrac{1}{x_{ij}}}{\sum_{j=2}^{M_i} \dfrac{1}{x_{ij}}} g_{ip}$$

$(g_{ip} < 0, i = 1, 2, \cdots, N \quad j = 2, 3, \cdots, M_i)$

(5-19)

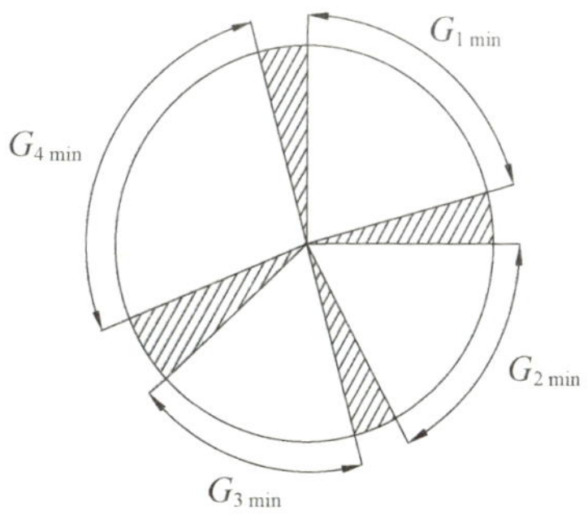

图 5-7 优先时间分配示意图

其中，g_{ij}^p 为公交优先后 i 交叉口 j 相位的绿灯时间长度(s)；x_{ij} 为公交优先前 i 交叉口 j 相位的饱和度。

5.4.7 公交优先策略组合优化模型

5.5.7.1 公交优先策略组合优化的必要性分析

每一个交叉口公交优先策略对实现总体控制目标的贡献与交叉口群内其他交叉口可采用的优先策略密切相关。如图5-8所示，在三个交叉口不同的优先策略下，一辆公交车形成了三条轨迹线，每一条轨迹上，各个交叉口采用的策略为：

轨迹1：绿灯延长＋插入相位＋无优先

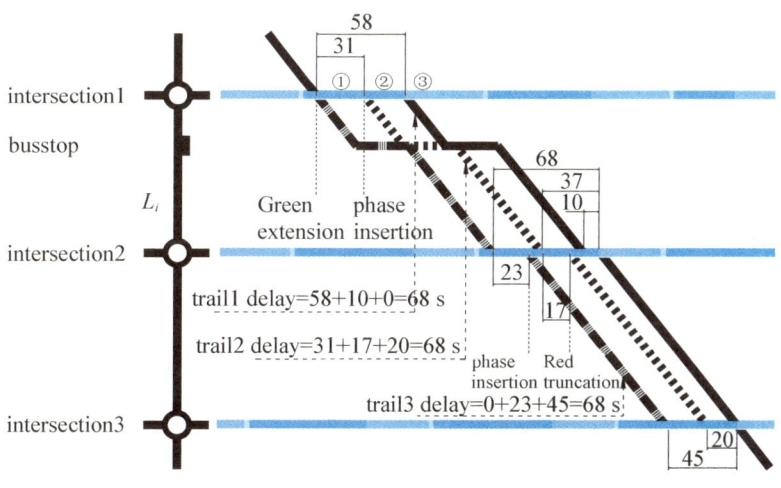

图 5-8 不同优先策略下的车辆轨迹

轨迹 2：插入相位＋红灯缩短＋无优先

轨迹 3：无优先＋无优先＋无优先

从图中可以看出，三条轨迹线的车辆总延误相同，都为 68 s。相对于轨迹 3 而言，其他轨迹上的优先策略并没有改善公交通过三个交叉口的总延误。显然，交叉口间优先策略的组合优化对每一个交叉口优先策略发挥作用非常重要。

5.5.7.2 组和优化模型

基于上述分析，建立如下规划模型求解交叉口群最优的控制策略：

$$\text{Minimize：} |D_b + D_{bp} - D_{bs}| \quad (5-20)$$

（以总延误偏差最小化为目标）

s. t.

- 优先策略实用条件约束；
- 周期时长约束；
- 相位持续时间约束。

优先策略适用条件约束在第 6.5.5 节中已经阐明。需要增加的约束为：对于多申请的情形，在一个交叉口的一个周期内，仅允许一次相位插入，同时仅允许至多采用两种优先方法。

周期长度约束用于保持原来的信号协调，为一简单的等式约束：

$$\sum_{j=1}^{M_i^p} g_{ij}^p + I_{ij}^p = C \quad (5-21)$$

其中，M_i^p 为优先后交叉口 i 的相位数；I_{ij}^p 为优先后交叉口 i 相位 j 与下一相位的绿灯间隔时间。

相位持续时间约束主要用于确保行人的清空时间，各个相位的初始最大最小绿灯需要根据实际需求进行确定。

$$g_{ij\min} \leqslant g_{ij}^p \leqslant g_{ij\max} \quad (5-22)$$

其中，$g_{ij\min}$ 为交叉口 i 相位 j 的最小绿灯时间；$g_{ij\max}$ 为交叉口 i 相位 j 的最小绿灯时间。

为防止优先造成非优先车流服务水平的恶化。最小绿灯时间 $g_{ij\min}$ 须根据实时的相位排队长度进行更新。由于假定原信号方案为不考虑公交优先申请下的最佳方案。因而，如果该相位的排队长度大于设定的最大排队长度，则将其当前的绿灯时间设定为该周期该相位的最小绿灯时间。这意味着该相位绿灯只可能扩展而不可以压缩。

5.4.8 多申请排序模型

在公交流量较大的情况下，模型 5-20 必然会遇到多申请的情形。在大多公交优先控制策略的研究，由于假设只有单一的公交优先申请。对多申请下的优先，一般采用先到先服务的规则（First-Come，First-Serve，FCFS）。而这种优先规则在考虑各个优先申请的总延误后未必是最优的优先方式（Larry Head，2006）。决策树因其形状像树且能用于决策而得名。从技术上讲，一个决策树由一系列节点和分支组成，而节点和子节点之间形成分支，节点代表着决策过程中所考虑的属性，而不同属性值形成不同分支。为了利用决策树对某一事例做出决策，可以利用这一事例的属性值并由树根向下搜索直至叶节点，叶节点上即包含着决策结果[112][113]。

本节将决策树方法应用到多优先申请的排序中。首先将多申请分为单相位多申请和多相位多申请两大类；然后提出了以人均总延误最小为目标，多申请下公交优先服务最佳顺序的确定方法。案例分析表明，相对于 FCFS 规则，在一个周期相同的优先次数约束下，本书方法能够显著降低多申请的总人均延误。

5.4.8.1 公交优先多申请的分类

在多相位信号控制交叉口，特别是在国内公交系统复杂、公交流量较大的条件下,多辆公交车在同一段时间内到达交叉口且遇到信号红灯的情形非常普遍。多申请的服务次序对优先控制的效果有重要的影响。依据服务相位的属性,可以将多申请分为单相位多申请和多相位多申请两大类,如图5-9所示。

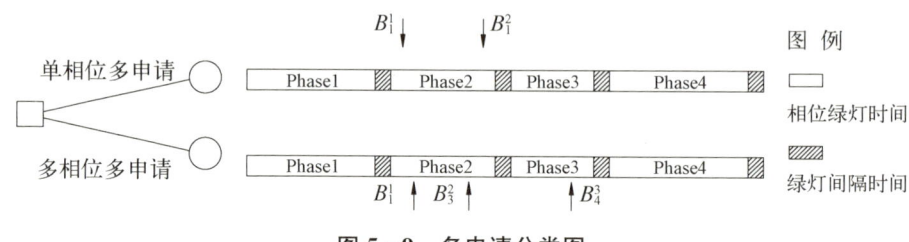

图 5-9　多申请分类图

图5-9中,B_j^i表示第i个公交申请,申请通行相位为第j相位。单相位多申请意为先后多辆公交车申请同一相位绿灯。多相位多申请意为多辆公交车(可能同时,也可能不同时)申请不同的相位绿灯。

5.4.8.2　多申请优先决策树的构建

单相位多申请决策树:以单相位两申请为例,其决策树如下图5-10。由于申请的为同一相位,当响应优先申请2时,申请1也得到了响应。

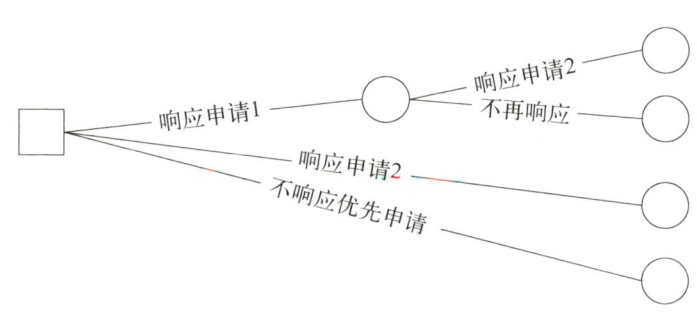

图 5-10　单相位两申请决策树

多相位多申请决策树:以两相位两申请为例,根据申请的响应次序及是否响应某一申请,其决策树如图5-11所示。

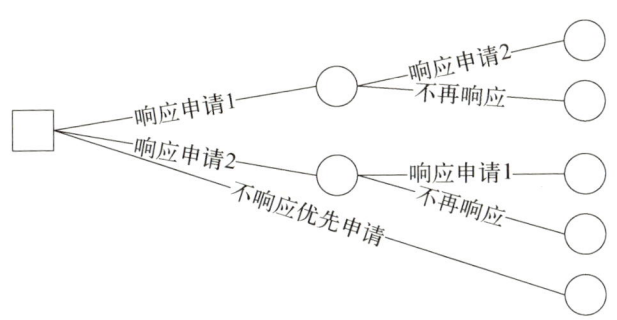

图 5-11 两相位两申请决策树

5.4.8.3 决策依据

以人均延误作为决策依据,有其局限性(Peter G. Furth,2004)。但对于多申请之间的比较而言,由于参与者具有共同的属性(都为公交车),因而这种局限将不再存在。人均延误最小的目标在此体现为载客量多的公交车辆优先于载客量少的公交车辆。设在一个信号周期内有 n 辆公交提出优先申请;第 i 申请公交车的载客量为 $Q_i(i=1,2,3,\cdots,n)$;第 i 申请公交车延误为 d_i,则优化目标可以用下式表示:

$$\text{Minimize}: D = \frac{\sum_{i=1}^{n} Q_i d_i}{\sum_{i=1}^{n} Q_i} \quad (5-23)$$

5.4.8.4 案例计算分析

设原信号配时方案为:信号周期为 100 s;绿灯间隔时间均为 3 s;每一相位最小绿灯时间均为 15 s,在满足最小绿灯约束之后,可以根据优先申请进行信号方案的调整。图 5-12 中的情形 A 为单相位多申请的情形,其中 B_1^1 申请时刻为 30 s,B_1^2 的申请时刻为 38 s。图 5-12 中的情形 B 为多相位多申请的情形,其中 B_2^1 的申请时刻为 24 s,B_1^2 的申请时刻为 29 s。两种情形的第一申请车辆载客量均为 30 人，第二申请车辆载客量为 50 人。A 和 B 两种情形的申请排序决策树、对应的优先策略和人均总延误计算结果如图 5-13 所示。

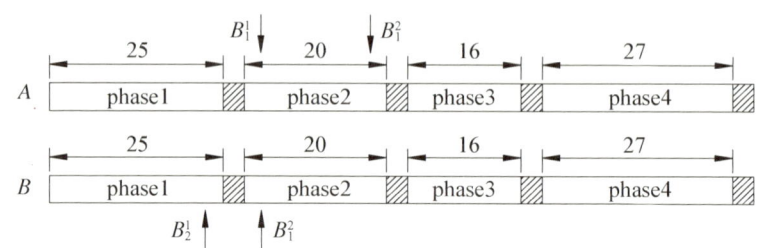

图 5-12 多申请排序案例分析示意图

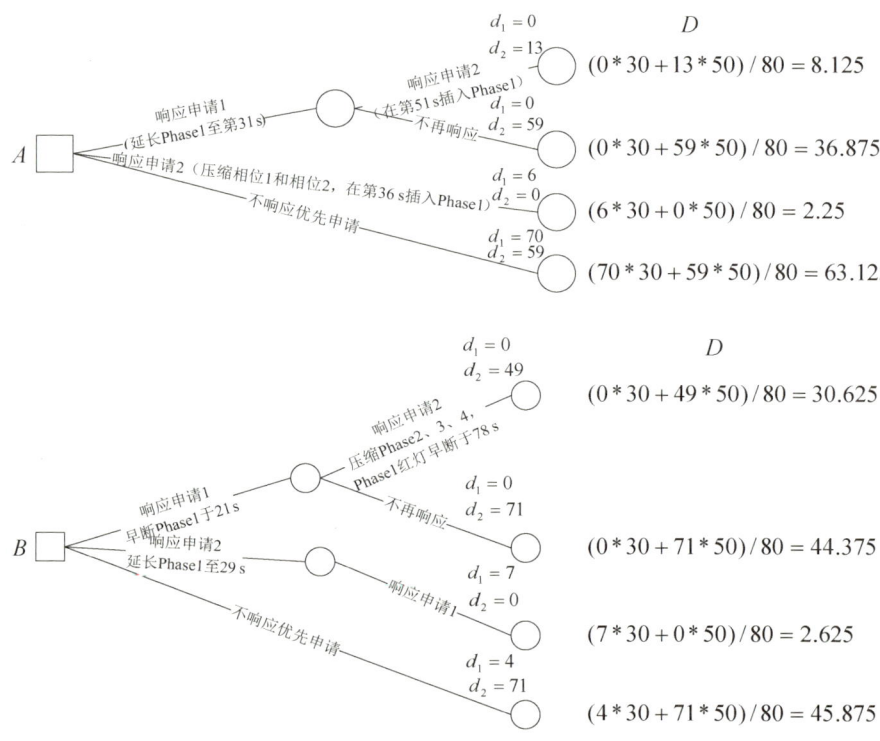

图 5-13 案例分析决策树

从图 5-12 中可以看出：

● 进行优先控制，能够降低公交车辆的人均延误。对申请的响应次序

不同,申请的总人均延误,即优先取得的效益不同;

● FCFS 规则下,各申请的总人均延误不一定是最小的(从图 6 案例中,车均延误也不是最小的);

● 应用决策树方法确定申请的服务顺序,可以显著降低申请的总人均延误。相对于 FCFS 规则,情形 A 决策树方法降低人均延误 72.3%,情形 B 决策树方法降低人均延误 91.4%。

5.4.8.5 小结

在多优先申请条件下,系统对各申请的响应顺序对优先的效益有重要的影响。传统方法采用的 FCFS 规则,在考虑所有申请的总人均延误后并非一定是最优的。本节提出的应用决策树确定多申请响应次序的方法,能够找到多申请的最佳响应顺序,使得总申请的人均延误最小。

本书的多申请排序模型是存在于 CCBP 模型大框架下的。在最优排序过程中,对社会车流的考虑同样通过 CCBP 模型的约束来实现。实际上,这一处理方法,简化了最优排序的求解,利于实时处理多申请,但另一方面,这种方法可能会导致出现对社会车流并非最优的情形。

同时,从理论上讲,多申请排序考虑了包括左转相位的多相位公交优先申请。但在实际应用中,当其他相位车辆没有专用道时,首先必须提高车辆从检测到至到达停车线的行程时间预测的精度,以避免因车辆行程时间波动导致模型失效。

5.4.9 CCBP 模型求解

包括启发式算法等很多算法可以用于求解上述模型。本书采用了简单的递归枚举方法设计程序对该模型进行求解。分为如下 7 个步骤,逻辑流图见图 5-14。

Step1:根据总容许延误,初始化每个交叉口公交延误的取值范围;

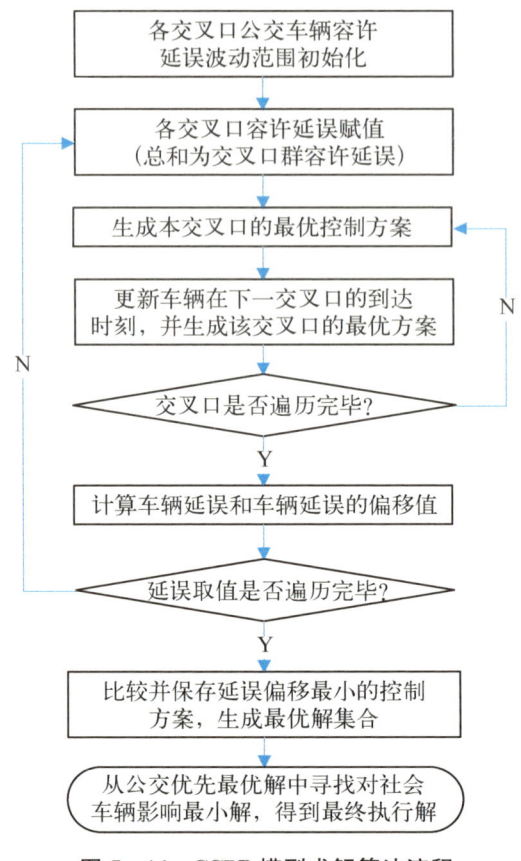

图 5-14 CCBP 模型求解算法流程

Step2：为每一个交叉口公交容许延误赋值，所有交叉口容许延误值的总和为交叉口群总容许延误；

Step3：以交叉口公交延误与容许延误值为目标，求解第一个交叉口的最佳优先控制策略，并更新公交车辆在第一个交叉口的延误；

Step4：根据上一步的结果更新 $K2$，并用 step 3 相同的思路求解第二个交差口的最佳优先控制策略。向后递推，为所有交叉口求得最佳优先控制策略；

Step5：计算公交车辆在交叉口群的总延误，并返回第 step2，遍历所有情形。

Step6:比较寻找延误偏差最小的情形,并记录各交叉口的优先策略,形成最优解集合。

Step7:将对非优先车流影响最小的解作为最终的执行解。

采用 Java 编程对该模型进行求解,算法优化代码见附录 B。

5.4.10 模型验证分析

为测试 CCBP 模型的有效性,采用济南市北园大街无影山西路—无影山路—无影山东路三个协调控制的交叉口群作为控制对象进行实证研究。无优先(社会车辆绿波方案)作为背景控制方案输入仿真系统。公交车辆检测器设置在距离交叉口群第一个交叉口(双向)之前 2 000 m 的位置。控制算法可以实时获得每个交叉口的信号配时信息。公交车辆停靠站的停靠时间设定为 30 s。采用公交车辆信号延误、背景交通信号延误、公交车辆延误波动程度和公交车辆车头时距四个指标进行分析。对比分析了如下三种方法:

无优先控制(no-priority),即原来的背景交通协调控制方案。为了强化方案的可比性,首先采用 CROSIG 软件优化了背景交通协调控制方案。后续的仿真分析表明,该方案有效地协调了三个交叉口的信号配时,协调流向的车均延误仅为 19.3 s。

绝对优先控制(unconditional priority),即将车辆通过交叉口群的容许延误值设定为 0,所有的车辆都将发出优先申请;显然,在第 6.5 节中提出的增加延误策略在此情况下不会被调用。

有条件公交协调优先控制(CCBP),仿真中设定车辆通过交叉口群的容许信号延误为 20 s,并且所有车辆都按照发车频率到达,即在上游交叉口群车辆的延误没有发生偏移。

在仿真中设定的信号参数见表 5-1。车辆通过交叉口群的容许信号延误为 20 s,D_{brange} 设定为 5 s。公交车辆的发车频率为 120。仿真总共 2 个小时,对 117 辆车的控制效果进行了分析。

表 5-1　信 号 参 数 表

相位相序	11	12	—	—
最小绿灯(s)	15	15	—	—
绿灯间隔时间(s)	4	4	—	—
相位相序	21	22	23	24
最小绿灯(s)	20	15	20	15
绿灯间隔时间(s)	4	4	4	4
相位相序	31	32	33	—
最小绿灯(s)	15	15	15	—
绿灯间隔时间(s)	4	4	4	—
$g_{ge}(s)$	5			
$g_{in}(s)$	5			
$g_{rt}(s)$	5			
$g_{gt}(s)$	5			
$g_{re}(s)$	5			

5.4.10.1　公交车辆延误分析

图 5-15 反映了不同的控制方法对公交信号延误的影响。与无优先控制相比，CCBP 和绝对优先控制下，公交车辆延误显著降低，降低幅度分别为 34.7% 和 38.9%。而与 CCBP 相比，绝对优先控制并没有显著降低公交延误，仅减少 1.96 s，约 6.4%。因为 CCBP 的控制目标为保持车辆延误在 20 左右，并会增加延误小于 15 s 的车辆的延误，因而 CCBP 比绝对优先产生略大的公交平均延误值。

图 5-16 反映了车辆延误波动情况。在无优先控制下，公交车辆延误波动剧烈，分布在 0 s 到 120.7 s 之间，方差高达 1 129.5。在绝对优先控制下，公交车辆延误分布在 0 s 到 110 s 之间，方差为 833.1。在 CCBP 控制下，公交车辆延误分布在 8 s 到 75 s 之间，方差为 274.7。与无优先相比，

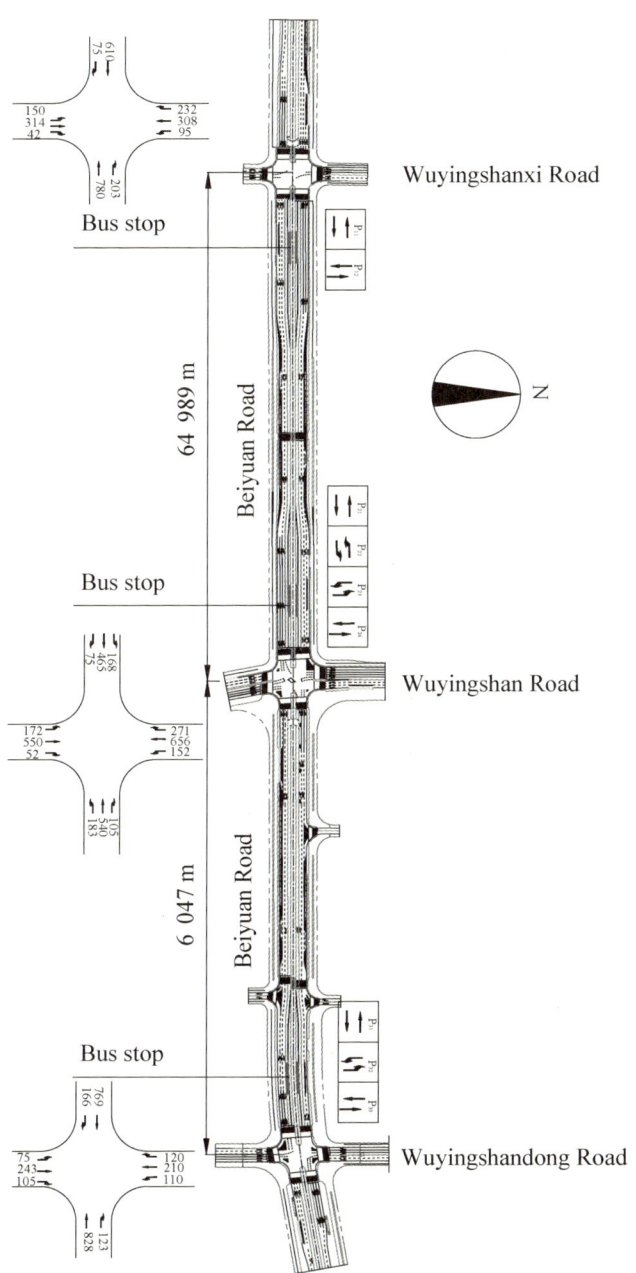

图 5-15 无影山路交叉口群

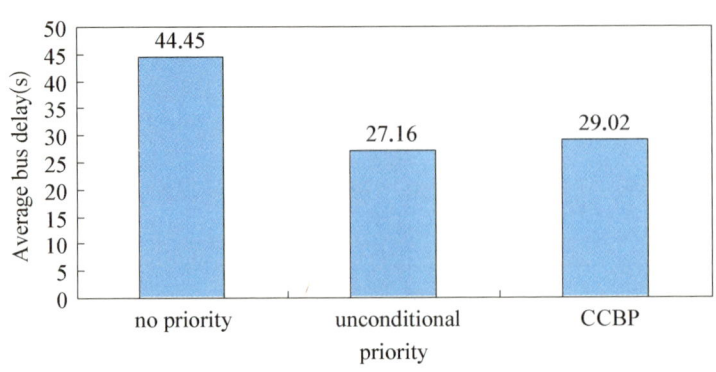

图 5-16　不同控制方法对公交信号延误的影响

CCBP 降低延误方差约 77.7%;而与绝对优先相比,CCBP 降低延误方差约 67.1%。显然,CCBP 控制方法显著降低了公交车辆延误的波动程度。

CCBP 控制下,98 辆公交车生成了优先申请(原公交延误大于 25 s 或小于 15 s)系统为 81 辆公交车提供了优先(82.7%)。绝对优先控制下,117 辆公交车都生成优先申请,系统为 85 辆公交车提供了优先服务(72.6%)。CCBP 和绝对优先控制下,接受到优先服务的车辆总数相当接近,但相对而言,CCBP 控制下申请得到响应的比例要大于绝对优先。其主要原因在于为了防止优先造成非优先车流运行状况的恶化,系统设定了周期优先服务次数的约束,即在每个周期最多仅提供一次优先服务,且至多只能有一次相位插入。在此约束下,无条件优先可能会因为实际上并不需要优先的车辆(延误较小的车辆)提供优先而错过为实际上需要优先的车辆提供优先。这也是绝对优先控制下,车辆延误方差要明显大于 CCBP 控制的原因之一。图 5-14 和 5-15 共同表明,CCBP 控制方法能够显著降低公交车辆延误与延误的波动程度。同时图 5-15 还表明,CCBP 能够增加车辆延误小于 15 s 的车辆的延误。这反映了增加延误策略的效果,在其他的研究中鲜见。然而,从公交系统运行可靠性的角度考虑,"早到"车辆的控制与"晚点"车辆的控制对于防止"串车"及时刻表偏移都同样具有很重要的意义。

5.4.10.2 优先服务比例分析

图 5-17 反映了在相同的条件下,CCBP 模型和无条件优先策略对申请的响应比例情况。虽然两者提供优先的公交车辆数相近,但是从申请得

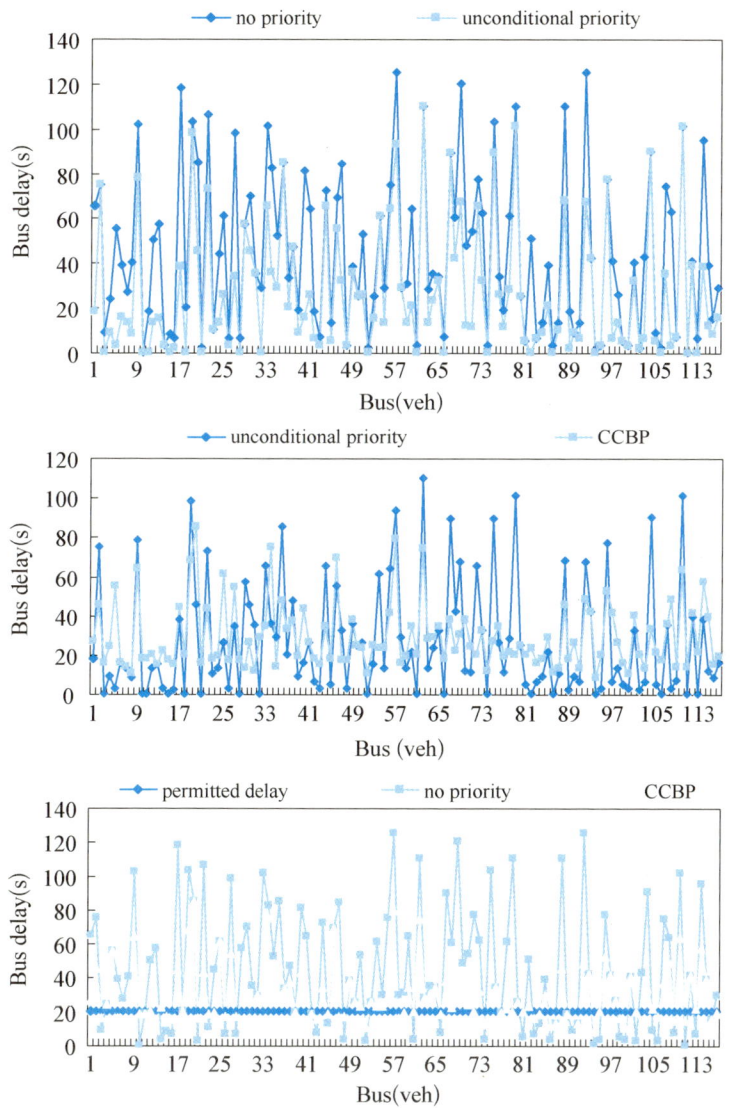

图 5-17 不同控制方法对车辆延误波动的影响

到服务的比例来看,CCBP 明显要高于绝对优先。主要因为,为保证背景交通运行状态不会受到较大的干扰,系统能够提供优先的能力是有限的。在这一约束下,无条件优先策略虽然意图为所有的车辆提供优先,但是实际上,所有申请得到服务的比例反而没有 CCBP 高。

5.4.10.3　背景交通延误分析

图 5-18 反映了不同控制策略对背景交通的影响。与无优先相比,CCBP 降低优先方向机动车流延误约 7.3%,但增加了非优先相位机动车流延误约 12.4%,并引起机动车流总平均延误增加 8.9%。

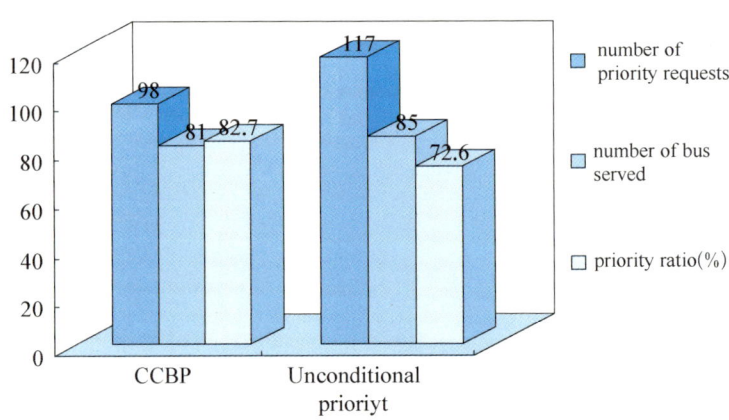

图 5-18　优先比例分析

与绝对优先相比,CCBP 增加了优先相位机动车延误约 8.5%,降低了非优先相位延误约 4.8%。同样这也是增加延误策略的作用。增加延误策略压缩了优先相位绿灯并将其分配给其他相位。这一策略不但减小了延误的波动程度("早到"车辆),而且对非优先相位起到了一定的补偿作用。

5.4.10.4　公交车头时距分析

不同控制策略对公交车辆车头时距偏移值的影响见图 5-19。无优先控制下,平均车头时距偏移量为 44.4 s,波动范围为 −102～+112 s;无条件优先控制下,平均车头时距偏移量为 34.3 s,波动范围为 $-101\sim+98$ s;CCBP 控制下,平均车头时距偏移值为 16.7 s,与无优先相比降低 62.4%,与绝对优先相比降低 32.4%;波动范围为 $-69\sim+54$ s。显然,CCBP 控制方法能够显著降低车头时距的波动幅度。

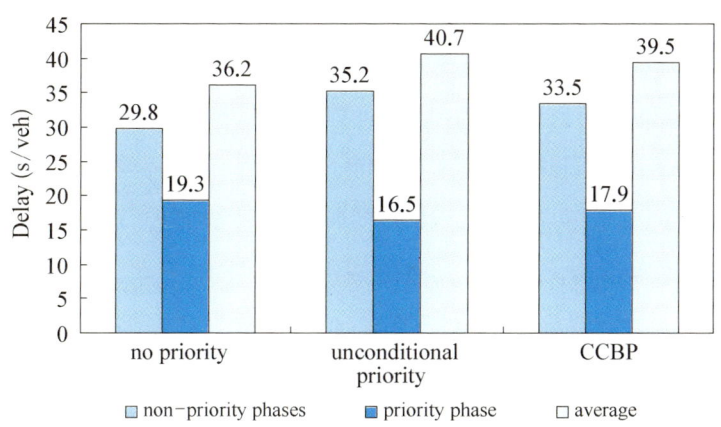

图 5‑19　不同控制策略对背景交通延误的影响

5.4.10.5　CCBP 模型分析小结

与无优先控制相比,CCBP 可以显著降低公交车辆延误(约 34.7%)同时对背景交通流的影响较小(延误增加约 8.5%)。

CCBP 可以降低车辆通过控制区域延误的波动性,与无优先控制相比降低 77.7%,与绝对优先相比降低 67.1%。

在每周期可采用优先策略次数的约束下,绝对优先策略下公交延误并没有比 CCBP 下公交延误有显著降低,反而增大了延误的波动程度,对背景交通产生的不利影响要明显大于本书优先策略。

与无优先和绝对优先相比,本书策略控制下,公交车辆车头时距更加趋于均衡。平均偏移值分别降低 62.4% 和 32.4%。

CCBP 的增加延误策略能够增加"早到"车辆的延误。同时其对非优先车流起到一定的补偿作用。

5.5 系统协调下单点感应优先控制策略(SIBP)

由于车辆运行过程中,不可避免受到各种因素的影响。特别是停靠时间,随着客流的波动发生变化,其具体数值很难精确预测。因公交车辆可能不会在预测的时间到达交叉口,可能会导致系统协调模型(CCBP)失效。系统协调下的单点感应优先(SIBP)即针对这种情况进行。其目的在于根据公交车辆实际的运行情况,调整协调优先(CCBP)方案,实现协调方案的既定目标。在这一目标下,设计了绿灯延长和红灯早断控制逻辑。在具体的控制参数确定方法上,参考了阴炳成(2003)的研究成果[100]。

5.5.1 单点信号优先总体逻辑流程

为避免单点感应对非优先机动车流造成较大影响。单点感应采取较温和的优先策略:公交绿灯延长和公交红灯缩短。这两类策略也实用于在CCBP模型中插入的公交相位。单点优先的总体逻辑见图5-20。在周期结束之前,信号控制系统可为所有的优先申请提供优先。对于在本周期未能实现优先的车辆,单点控制模块将其上报协调控制模块,并进入下一周期。

5.5.2 单点优先申请的生成逻辑

实时检测通过检测器的公交车辆,计算其到达交叉口的时刻。将该时刻与CCBP模型中的预测时刻进行比较。如果该时刻与预测时刻不重合,且车辆不能够在绿灯时间通过,则生成优先申请;否则,则不在该交叉口给与车辆单点感应的优先权。单点优先申请生成的逻辑流程见图5-21。

第 5 章 在线公交优先控制策略

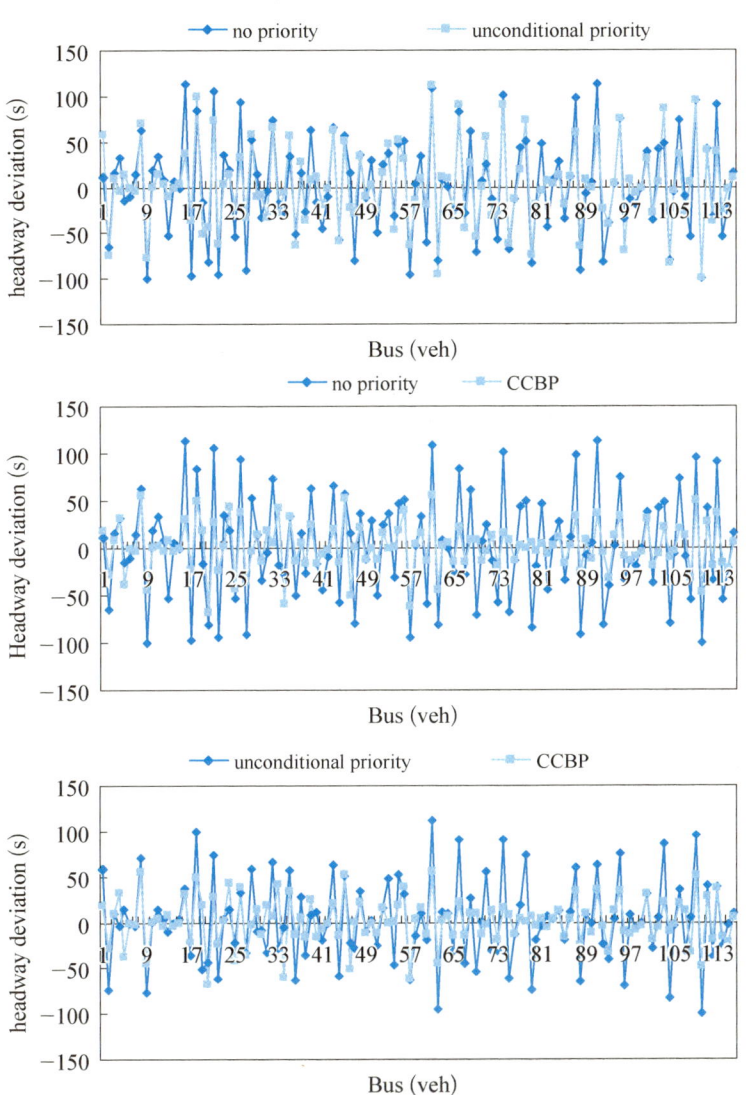

图 5-20 不同策略对车头时距波动的影响

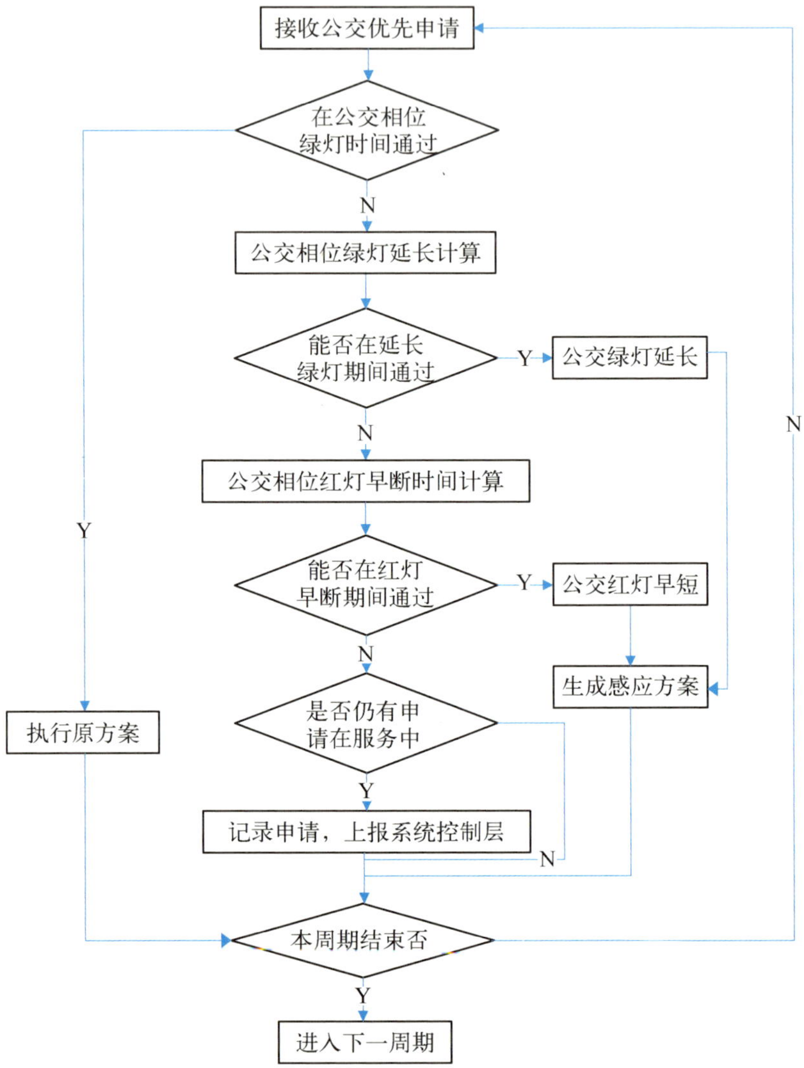

图 5-21 单点信号优先总体逻辑流程

5.5.3 单点绿灯延长

5.5.3.1 单点绿灯延长逻辑

延长相位绿灯时间,除了以公交车到达时间偏移值为依据之外,还要考虑其他方向车流的运行状况,保证交叉口运行效益最佳化,同时,还应该满足其他各流向不会出现超长排队和延长相位的最大绿灯时间两个约束条件,如图 5-22。

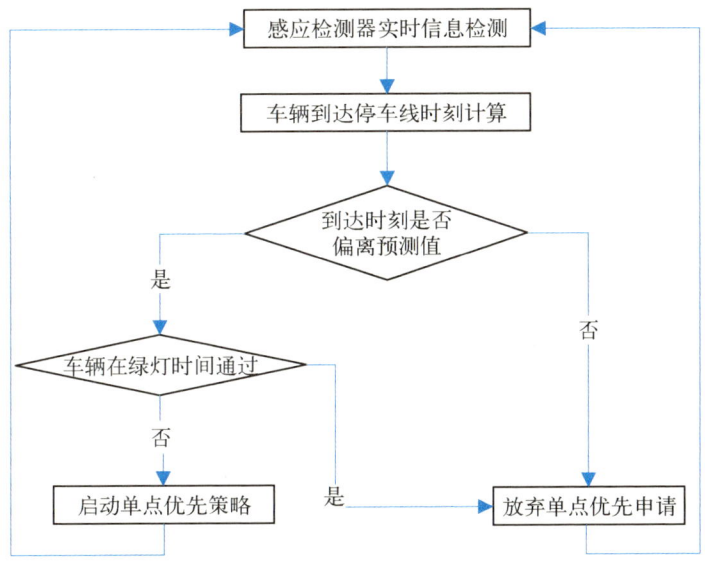

图 5-22 单点信号优先申请生成逻辑

5.5.3.2 相位绿灯延长感应式控制的基本原理

相位绿灯延长感应式控制的基本原理如图 5-23。在相位初期维持原方案所制定的初始绿灯时长 g_{b0},当到达相位绿灯延长判断开始时刻 t_{sg} 时,开始对通过感应检测器检测到的公交车辆运行状态与预测状态进行对比,若直至判断结束时刻 t_{dg} 仍无偏移预测状态的车通过上游检测器,则保持本相位原有的绿灯时长不变,按照原控制方案在绿末切换相位;若在上述判断

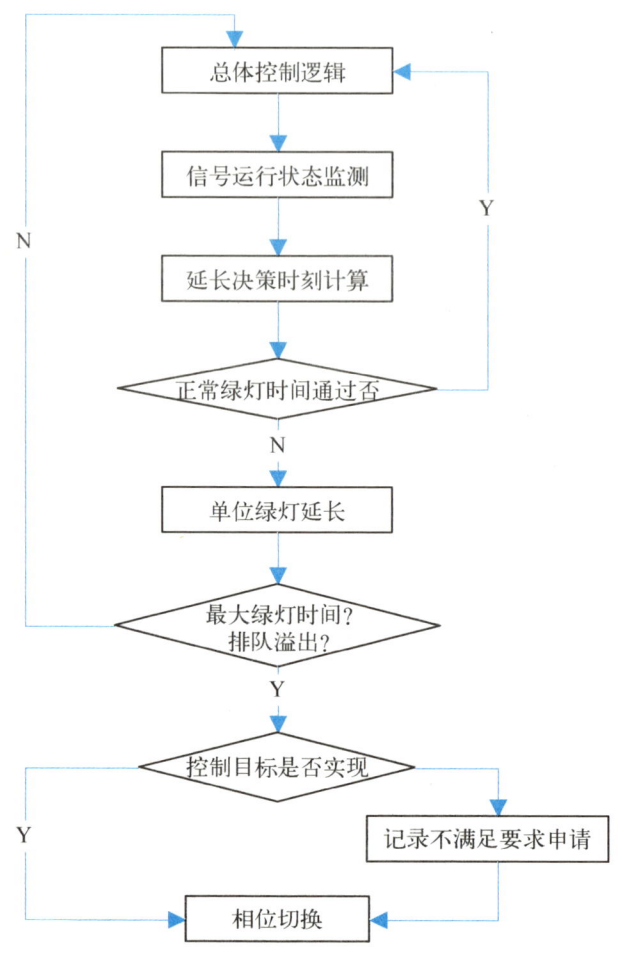

图 5-23 单点绿灯延长逻辑流程

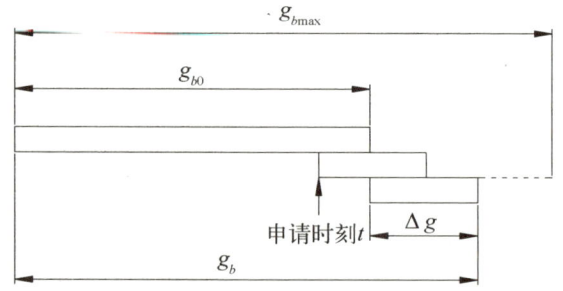

图 5-24 相位绿灯时间延长感应式控制机理

过程中出现偏移预测状态的公交车辆,则需要根据该公交车到达感应检测器的实际时间,每检测到一辆偏移预测状态公交车,当满足前提设定条件时,将本相位绿灯延长一个单位绿灯延长时间 Δg,该相位的绿灯时间延长至 g_b 结束。若连续有偏移预测状态车辆到达,则以相位最大绿灯时间 $g_{b\max}$ 为约束,绿灯一直延长到相位的 $g_{b\max}$,即若检测到后面仍有偏移预测状态公交车到达,也中断现状这个通行相位。因此,实际相位的绿灯时间 g_b 大于等于初始相位绿灯时长 g_{b0} 且小于相位的最大绿灯时长 $g_{b\max}$。

5.5.3.3 判断开始时刻 t_{sg}

在公交专用道内设置的感应检测器,其主要作用是统计由 t_{sg} 时刻开始到达的公交车辆数,即统计将在公交通行相位红灯到达停车线的公交车车辆数,这部分公交车可能偏离了原预测到达时刻。t_{sg} 主要与相位初始绿灯时长以及公交专用道内感应检测器的位置相关,即

$$t_{sg} = g_{b0} - \frac{L}{v}$$

式中,g_{b0} 为相位初始绿灯时长(s);L 为公交专用道内感应检测器至停车线距离(m);V 为公交车辆平均行程车速(m/s)。

5.5.3.4 判断结束时刻 t_{dg}

由于公交专用道内的感应检测器负责对到达公交车的统计分析,所以为了保证能够尽可能多的对到达停车线的公交车辆进行判断分析,判断结束时刻应接近相位的绿灯结束时刻,但出于为给予中心控制系统必要的优化计算时间(假设系统所需时间为 2 s),则 t_{dg} 应为

$$t_{dg} = g_b - 2$$

式中,g_b 为相位绿灯时长(s)。

初次优化时,g_b 为原控制的相位初始绿灯时间,即 $g_b = g_{b0}$。

5.5.3.5 相位延长策略相关参数

绿灯延长时间

绿灯延长时间的长短必须使公交车辆可以从检测器顺利驶出停车线,并安全通过与下一相位的冲突点。其计算的方法如下:

$$t_e = t + \Delta g - g_b$$

式中,t 为公交车到达感应检测器的时间(s);Δg 为单位绿灯延长时间(s);G_b 为相位的绿灯时长(s)。

初次优化时,g_b 为原控制的相位初始绿灯时间,即 $g_b = g_{b0}$。

对于单位绿灯延长时间应保证适当的长度,尽可能不产生绿灯时间损失。当检测到公交车到达感应检测器后,在进行优先判断中,应先将绿灯保留在这个相位上,为了提高通行效益,减小对其他各相位通行绿灯时间的影响,这段时间应尽可能地短,同时,延长的绿灯时间还应该保证后续车辆可以安全制动。因此,单位绿灯延长时间应满足以下的关系式:

$$\Delta g = \frac{L}{v}$$

式中,各符号含义同上。

绿灯延长的极限时间

(1)g_{max} 的经验算法

最大绿灯时间 g_{max} 为实施公交优先控制对绿灯时间延续的上限,即当绿灯时间达到最大绿灯时间 g_{max} 时,绿灯显示结束,通行权自动转移至下一相位。对于相位的最大绿灯时间可由以下经验公式计算:

$$g_{max} = \alpha \cdot g_0$$

式中,g_{max} 为延长相位的最大绿灯时间(s);g_0 为原控制的相位初始绿灯时间(s);α 为相位数校正因子,两相位时取 1.2,三相位时取 1.4。

(2) 基于最大通过车辆数匹配原则的 g_{max}

某相位最大绿灯时间的确定还要考虑相邻下游交叉口的承受能力,即要保证本交叉口以最大绿灯时间疏散的车辆也能顺利地通过相邻的交叉口,而不出现阻塞现象。即

$$Sg p_i \leqslant c_i$$

式中,S 为目标流向的饱和流量(veh/s);g 为目标流向的有效绿灯时间(s);p_i 为本交叉口目标流向进入下一交叉口后转为流向 i 的概率(百分比);c_i 为下游交叉口流向 i 的最大通过车辆数(veh)。

即
$$g \leqslant \frac{c_i}{S p_i}$$

则有：
$$g_{max} = \frac{c_i}{S p_i}$$

在实际计算中,可以通过上述计算方法以及计算机仿真验证的方法得到相位的最大绿灯时间。

5.5.4 单点红灯早断

5.5.4.1 单点红灯早断逻辑

相位绿灯提前激活(或称相位红灯时间缩短)逻辑判断出公交车到达停车线时刻是否偏离协调方案预测值。然后以到达时刻偏移的公交车到达停车线的时刻为起点启动相位提前激活优化模块。提前激活公交通行相位,减小公交车辆在交叉口的信号控制延误,保证协调优先方案的实现。单点红灯早断逻辑如图 5-24。

5.5.4.2 相位提前激活感应式控制的基本原理

相位提前激活感应式控制的基本原理如图 5-25。在相位初期维持由

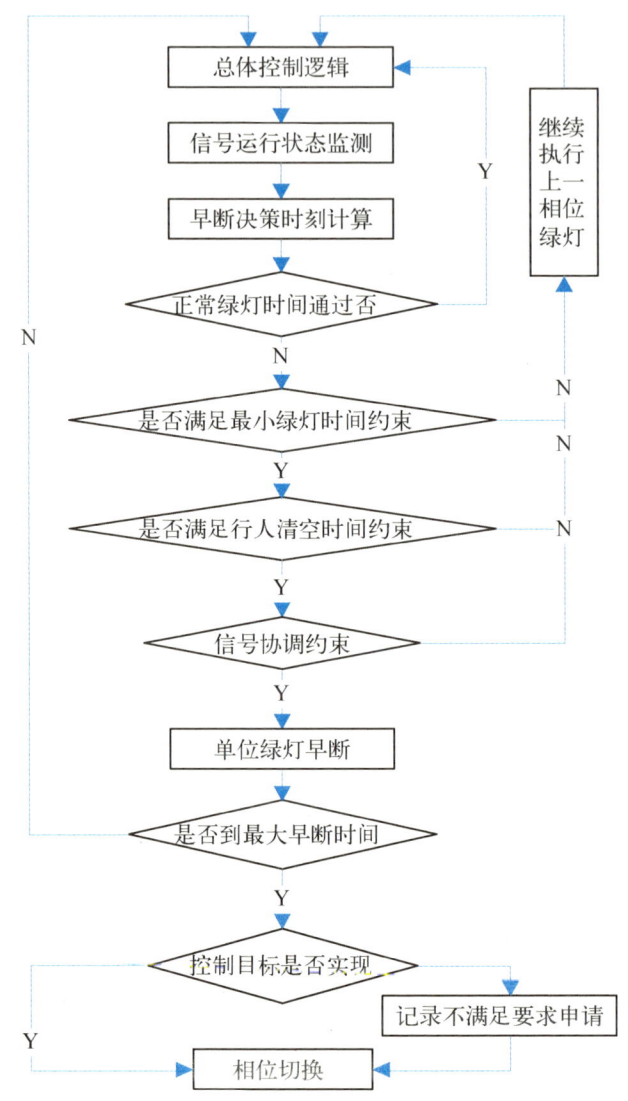

图 5-25 单点红灯早断逻辑流程

原控制方案所制定的相位初始红灯时长,专用道内感应检测器判断公交车到达情况和其中是否出现偏移,若直至判断结束时刻 t_{dr},排队及达到感应检测器的公交车辆均无出现偏移,则保持相位原配时控制方案不变,在红灯末期切换到公交通行相位的绿灯时间;若出现偏移公交车到达,则以其到达时刻为相位提前激活优化的启动时刻 t_{sr},对当前通行相位及其后各通行相位的最佳绿灯时间进行再次进行调整,在不影响各相位最小绿灯通行时间的基础上,提前中断公交通行相位的红灯时间,为偏移的公交车提供优先的通行权。相位红灯时长根据实时计算的结果得到,实际结果小于等于初始相位的红灯时长。

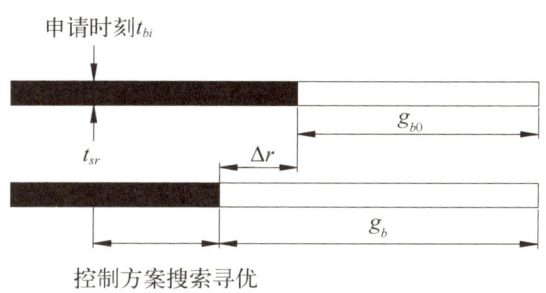

图 5-26 相位提前激活感应式控制机理

5.5.4.3 相位提前激活决策判断过程

在相位红灯时间缩短的决策判断中,如绿灯时间延长依然存在着两个重要的时刻,一是相位提前激活优化的启动时刻 t_{sr},另一个是对公交车判断统计的结束时刻 t_{dr}。

优化启动时刻 t_{sr}

在公交通行相位提前激活的优化中,优化的启动时刻 t_{sr} 应为偏移预测状态公交车到达交叉口停车线的时刻。

判断结束时刻 t_{dr}

由于专用道内的感应检测器负责对公交车辆的检测,在计算对偏移预测状态公交车判断的结束时刻中,应该考虑公交车由感应检测器到停车线所需要的时间和原控制方案中确定的相位初始红灯时长,具体方法如下:

$$t_{dr} = r_{b0} - \frac{L}{v}$$

式中,r_{b0} 为相位初始红灯时长(s);L 为公交专用道内感应检测器至停车线距离(m);v 为公交车辆平均行程车速(m/s)。

5.5.4.4 相位提前激活感应式控制的相关参数

● 行人过街需要的最小绿灯时间 $g_{p\text{-min}}$

在信号控制交叉口,当有行人过街需求时,应设置最小绿灯时间以确保行人过街的安全。据美国《通行能力手册》(1994)所述,基于行人过街需要的最小绿灯时间 $g_{p\text{-min}}$ 为

$$g_{p\text{-min}} = 7.0 + \frac{L_p}{v_p} - I$$

式中,L_p 为由人行道至最近的人行道、行人安全岛、交通岛等安全区域的距离(m);v_p 为行人步速(m/s,可取 1.0～1.5 m/s);I 为本相位与下一相位的绿灯间隔时间,(黄灯时间＋全红时间)(s)。

● 满足车辆必要放行时间的最小绿灯时间 $g_{h\text{-min}}$

在各信号相位最小绿灯时间的设置中,基于机动车的要求应该保证必要的通行时间。因此,最小绿灯时间注意要考虑以下两个因素:

对于绿灯的车辆启动损失时间;

绿灯时长满足放行该相位车道组中的最大排队车辆。

$$g_{h\text{-min}}^{i} = l_s + 3\,600 \cdot \max(Q_{ij}/S_{ij})$$

式中,$g_{h\text{-min}}^{i}$ 为第 i 相位满足车辆必要放行时间的最小绿灯时间(s);Q_{ij} 为第 i 相位第 j 进口道车辆的排队车辆数(veh);S_{ij} 为第 i 相位第 j

进口道车辆的饱和流量(veh/h)。

● 相位最小绿灯时间 g_{min} 的确定

综合上述分析，相位的最小绿灯时间应取上述两个最小绿灯时间计算结果中的最大值，即

$$g_{min} = \max(g_{p\text{-}min},\ g_{h\text{-}min})$$

第6章
信号优先与调度协调策略

公交车辆在运行过程中,不但受到道路交通信号控制的影响,而且还受到运营调度系统的监控。调度系统决定着每一线路公交车辆进入网络的规律,同时还会根据需求赋予每一公交车辆不同的运输任务和目标。从某种角度,信号优先的目的之一就是使得公交车辆按照调度指标要求完成其承担的运输任务。反之,信号优先的程度和效果影响着车辆的行程时间和行驶的可靠性,进而影响调度指标的确定。Kevin(2002)指出,调度和控制两者目标的统一性能使得公交系统能够在二者相互协调过程中取得更好的运输效率,包括提供更精确的时刻表,更快速可靠的服务等。信号优先策略与调度协调的需求在 Kenny Ling(2003)的硕士论文中首次提出,但在该研究中只讨论了通过公交优先信号均衡车头时距的方法,并没有回答如何协调优先控制策略与调度策略的问题。本章针对这一问题进行初步探索,研究了离线优先策略与发车频率协调,在线优先策略与车辆实时控制协调两部分内容。

6.1 概　　述

Turnquist 和 Blume(1980)在 Abkowitz(1978)首先提出的提升公交系

统运行可靠度基本方法的基础上,从公交运营者的角度提出了公交系统运行管理的狭义内容,又被称为公交调度。它将公交系统运行管理划分为计划管理和实时管理两部分,前者面向解决公交运行管理的阶段性、计划性问题,主要任务是编制公交运行计划,称为计划调度;后者重点解决实时性、突发性问题,主要任务是执行运行计划,称为现场调度或动态调度。详见图 6-1。本章主要关注的为其时刻表编制和车辆运行调度部分。

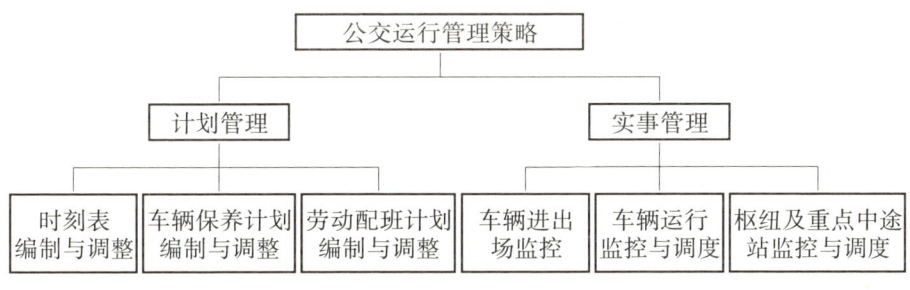

图 6-1 公交调度基本策略(滕靖,2005)

在美国的 APTS 框架中,信号优先与公交调度同属于车队管理部分。虽然两者分属于公交运营管理部门和交通管理部门,但其最终目的都是为了应对车队运行中的不稳定情况,增强公交系统的可靠度,提高公交系统的运输效率和服务水平。这种目标的同一性决定着二者策略相互协调的需求。本章是对控制与调度协调策略的初步探索。重点在于分析二者之间的相互作用和可能的协调方法,并不追求调度策略的生成和最佳化。

6.2　控制与调度策略协调的基本考虑

6.2.1　控制与调度的协调逻辑

无论是在信息需求层面还是在策略的生成层面,控制与调度之间都存在着紧密的互动关系,见图 6-2。计划调度方案决定了公交车辆的总需求,是制定离线优先方案的基础。计划调度方案制定的时刻表和发车频率,是在线优先方案的主要依据。同时,计划调度方案在某种程度上决定了公交车辆在交叉口的到达规律。而公交车辆在交叉口的到达规律是影响信号优先的主要因素之一。在公交车辆偏移时刻表、车头时距波动超出规定范围、突发客流或异常事件发生时,公交动态调度方案和信号优先策略需要协调运作。信号优先系统根据调度方案可以提前预测车辆的运行状态和到达时刻,进而可以提前作出判断和调整。公交调度方案根据信号优先的结果是进行修正和完善。以时刻表为例,如果调度方案中对时刻表规定的过于严格,则可能所有的车辆都需要信号优先,且无法满足准点运行的要求,此时则需要修正计划调度方案;如果每一辆车都不需要信号优先,且可提前到达停靠站,则可能时刻表规定的过于宽松,同样需要对调度方案进行校正。调度系统的信息几乎包含了信号优先所需的相关信息,一体化条件下,二者信息共享可以大大降低系统建设总投资。

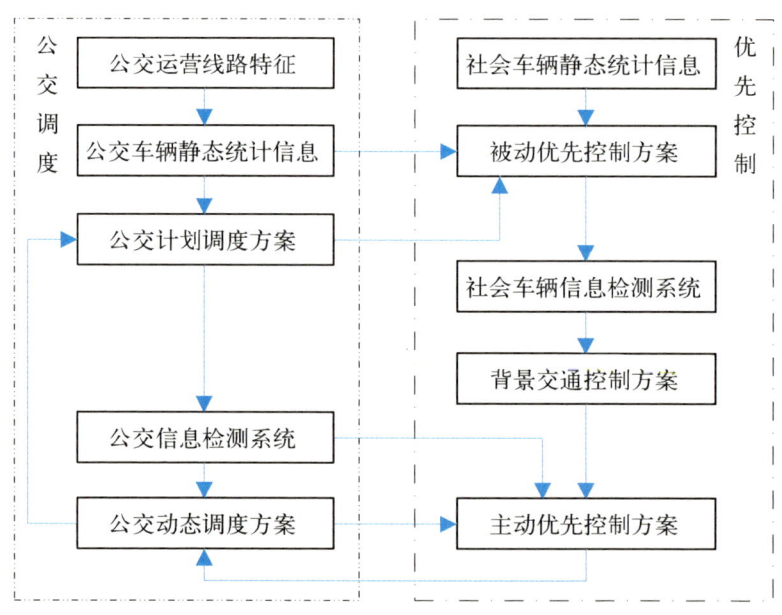

图 6-2 信号优先与调度一体化逻辑流程

6.2.2 策略协调的主要内容

大体上,可以将控制与调度策略的协调分为两个主要部分:其一为静态调度策略与离线优先策略的协调,其二为动态调度策略与在线优先策略的协调。本章对这一研究的初步探索从两个方面展开:在第 6.3 节,主要研究了发车频率与控制策略的协调优化问题;在第 6.4 节,主要研究了驻站控制与在线优先的协调优化问题。

6.3 离线优先策略与发车频率协调优化

6.3.1 协调优化的基本思路

公交发车频率是公交运营调度的关键参数之一,在传统的研究中,其取值主要考虑线路客流、停靠站数目、车辆行程时间、技术车速、乘客候车时间、车内拥挤度等指标[115]。如果不受外界干扰,公交在路段上的车头时距应与发车频率相等。但且受交叉口信号控制和上下客流波动的影响使得车头时距发生波动。

相关研究都表明,公交发车频率(车头时距)与优先信号之间存在着相互影响。但鲜见对这种影响进行深入分析的研究。公交发车频率决定了优先信号需求的输入形式和频率,优先信号反过来又影响着车头时距的波动程度。针对这一特点,在对发车频率(车头时距)和优先信号相互影响分析的基础上,提出了考虑发车频率的优先控制模型。通过仿真软件 VISSIM 对这种相互关系和所提出的控制模型进行了检验。结果表明,考虑发车频率的优先控制模型,能够显著降低公交延误和公交车头时距的波动程度。

公交车辆以一定的发车频率从首站发出,依次到达交叉口(车辆运行

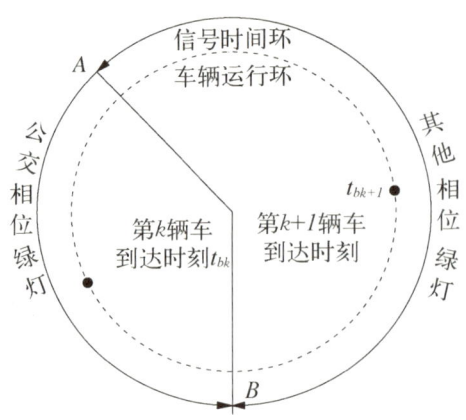

图 6-3 车辆运行环与信号时间环示意图

环);交叉口的信号配时以一定的信号周期循环为公交相位提供绿灯(信号时间环),这两个过程形成了两个循环。不同发车频率、不同信号周期条件下,车辆到达交叉口时刻对应的信号运行状态即在车辆到达时可在信号时间环上的落点数目不同。(如图 6-3 第 k 辆车到达时刻信号运行状态位公交相位绿灯,而第 $k+1$ 辆车到达时刻信号运行状态位公交相位红灯,若如此循环下去,则称车辆到达时刻在信号时间环上有两个落点)信号周期与发车频率的协调问题可归结为:信号周期、发车频率与落点数目的关系,不同落点数目对公交车辆车均延误及车头时距波动的影响及不同落点数目下的信号优先控制方法,总体的逻辑流程如图 6-4。

在获得初始信号周期和相位差之后,首先计算车队中每一辆车到达交叉口时所可能遇到的信号状态数目,即落点数目(nDSS);如果 nDSS 的值为 1,则计算车辆最最佳到达时刻,并通过调整车辆发车时刻或信号系统启动时刻,实现预期到达时刻与最佳到达时刻重合。如果 nDSS 的值大于 1,则通过信号周期和发车频率的调整,使得 nDSS 的值至少不大于 2。当 nDSS 的值等于 2 时,系统提供绿灯延长、绿灯相位旋转和重复绿灯三种优先策略,须根据可实现的条件进行选择。

为了实现上述逻辑,须进行以下两部分的研究:

1)落点数目(nDSS)计算模型;

2)不同落点数目下的优先控制策略。

后续的研究即围绕这两部分内容和本方法的验证展开。

第 6 章　信号优先与调度协调策略

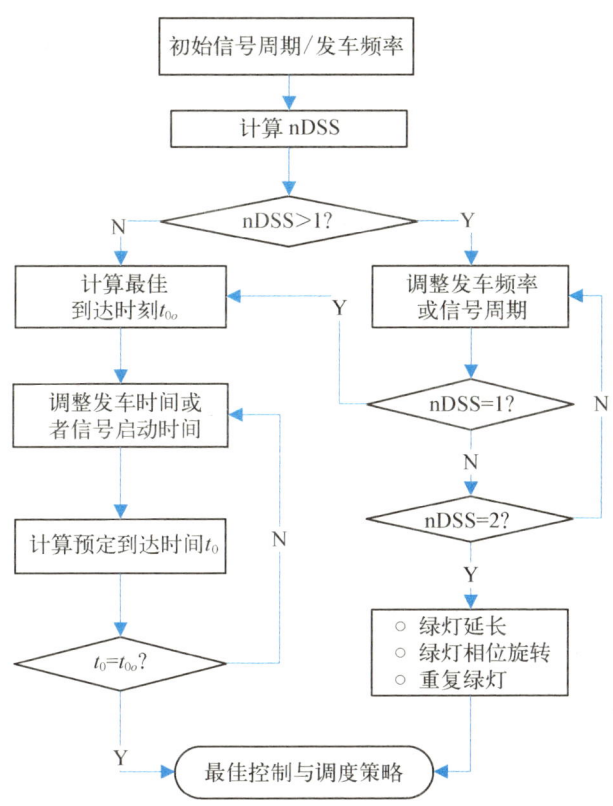

图 6-4　信号周期与发车频率协调优化逻辑

6.3.2　落点数目模型

1）基本假设

● 有公交专用道,每个周期到达的公交车辆都能够完全驶离;

● 交叉口受信号控制,且信号控制的参数及信号起亮时刻可以调整,不考虑信号协调影响;

● 首班公交车辆到达交叉口的时间可微调;

● 公交车辆在路段运行时间波动较小。

2）模型推演

设公交发车频率为 F,信号周期为 C,公交车辆首班车到达交叉口时,信号周期运行时刻为 t_0。则该时刻的信号运行状态以 C 为公差的等差数列循环出现在信号时间环上,即第 n 个该信号运行状态出现的时间为

$$t_{cn} = t_0 + (n-1)C \quad (m = 1, 2, 3\cdots\cdots) \quad (6-1)$$

公交车辆到达交叉口的时刻为以 F 为公差的等差数列,即第 k 辆车到达时刻为

$$t_{bk} = t_0 + (k-1)F \quad (k = 1, 2, 3\cdots\cdots) \quad (6-2)$$

令

$$t_{cn} = t_{bk}$$

则有

$$t_0 + (n-1)C = t_0 + (k-1)F$$

$$k = \frac{(n-1)C + F}{F} \quad (6-3)$$

除 $k=1$ 的情形外,由等差数列的性质可知,最小的 k 值 $k_{\min}$ 及其对应的 $n_{\min}$ 构成的项 $t_{bk\min}$ 和 $t_{cn\min}$ 为两个数列相等项的最小值,即首班车过后,第一次出现公交车辆到达时刻的信号运行状态恰与首班车到达时一致的现象。此后,每隔 $k_{\min}$($n_{\min}$)项,两个数列即出现一次相等项。$k_{\min}$、$n_{\min}$ 中的大者,即为车辆到达时刻在信号时间环上的落点数,即落点数目 N 为

$$N = \max(k_{\min}, n_{\min}) \quad (6-4)$$

6.3.3 不同落点数目下的控制策略

落点数目 N 值的不同,意味着车辆在信号控制交叉口的到达规律不同。针对不同的车辆到达规律,建立相应的信号优先控制模型。

1) 只有一个落点

当 $F = kC(k = 1, 2, 3\cdots\cdots)$ 时,即发车频率 F 与信号周期 C 呈整数倍关系时,$N = 1$,车辆到达时刻在信号时间环上只有一个落点。车辆在固定的时刻到达交叉口,优先信号控制的目标为寻找这一落点在信号时间

环上的最优位置。

最优落点位置即预先设定的首班公交车辆到达交叉口时,信号运行的最优状态。可以通过以下三种方法实现:

- 信号运行不变,微调公交首班车的发车时间;
- 发车时间不变,微调信号控制系统启动时刻;
- 同时调整首班发车时间和信号启动时刻。

最优落点位置

显然,如果车辆严格按照发车频率(时刻表)运行,则每一辆公交车都在同一时刻到达,即到达时刻为一个点,如图 6-5A 所示。只需要将这一落点置于公交相位绿灯时间之内即可。但是由于车辆在运行过程中,不可避免遇到各种影响,很难严格按照发车频率(车头时距)到达交叉口,各车辆的到达时刻则分布在一个时间段内,如图 6-5B 所示。由于这种波动性无法避免,因而在确定最佳位置时,须考虑车辆到达时刻的波动性。

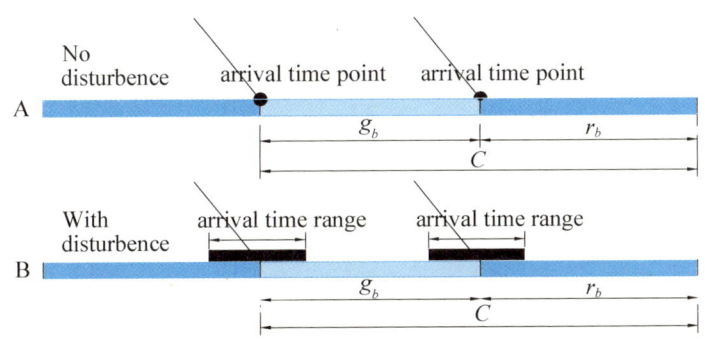

图 6-5 车辆到达时刻概率分布示意图

设车辆到达交叉口的真实时刻 t_{bk} 服从的概率密度函数为 $f(t_{bk})$,为求出使得公交车辆延误最小的 t_0,建立如下规划:

$$\min: D = \int_{-C}^{C} D_b f(t_{bv}) dt_{bv} \tag{6-5}$$

$$\text{s. t.} \quad C - rb - gb = 0$$
$$0 < t_0 < C$$

显然,由于在绿灯之前到达的公交车辆只需要等待本周起剩余的红灯时间即可通过,而公交相位绿灯后到达的车辆需要等待下一个周期的绿灯才能通过,因而,特别是在多相位的情况下,上述规划结果 t_0 一般会小于 $g_{b/2}$。

两个相位的公交优先

对于两个相位都有公交优先需求的情形,一直是公交优先控制的难点之一。考虑了发车频率与信号控制参数的协调之后,且都只有唯一落点的情形,可以得到较好的处理,如图 6-6 所示。

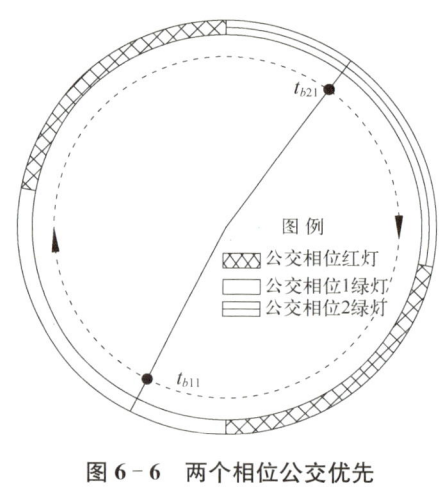

图 6-6 两个相位公交优先控制方法示意图

两个进口道的公交优先可以通过以下两步完成:

● 利用上文的规划方法求得各自的落点最佳位置,如图 6-6 所示。进口道 1 的最佳落点位置位 t_{b11},进口道 2 的最佳落点位置为 t_{b21};

● 通过前文所述三种方法,调整信号启动时刻和首班车的发车时间,使其落点落于各自的最优位置。

2) 有两个落点

当 $F = (2k-1)/2C(k=1, 2, 3……)$ 时,$N=2$,即有两个落点。显然若车辆严格按发车频率到达的情况下,两个落点的间距为 $C/2$。此时,有绿信比调整和相位调整两种方法实现公交优先。

● 绿灯延长

将公交相位绿信比调整大于 0.5,则可以满足落于两点的公交车辆都可以在绿灯时间通过，如图 6-7 中的上图所示。这一方法特别适用于两相位信号，且公交相位为主要交通流所在相位的情形。

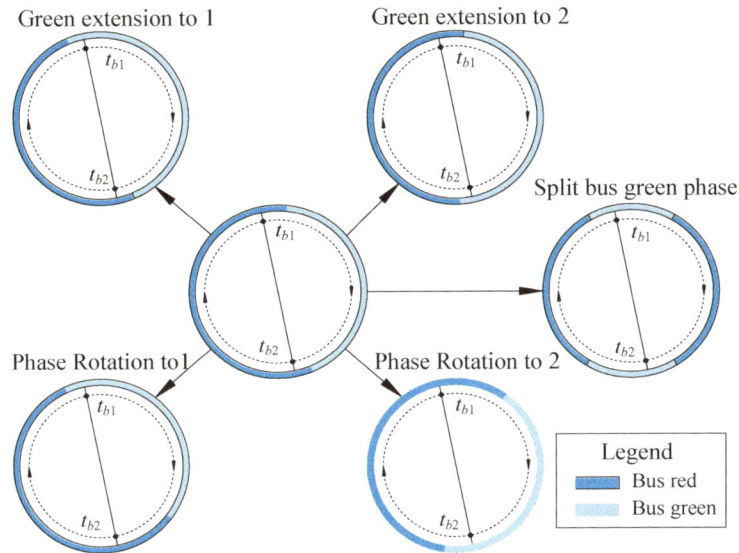

图 6-7　两个落点的优先控制方法示意图

同理，位于公交绿灯开始点一端的最优落点位置距离红灯结束时刻要比位于公交绿灯结束点一端的最优落点位置距离红灯开始时刻的值小。其意义在于尽量避免本周期到达的公交车辆在下个周期才能通过交叉口。可以通过建立类似于前述的规划模型求出最优位置。

● 绿灯相位旋转

如果绿灯延长不可实现，即其他相位绿灯不可压缩，则可以通过绿灯相位旋转的方法实现。根据公交车辆到达时刻的要求，在绿信比不变的前提下，公交相位可以在两个落点之间摆动。这种相位旋转的方法可以通过相位相序的调整来实现，如图 6-7 中的下图所示。

● 重复绿灯

当绿信比调整失效或不满足时，可以通过相位相序的调整来实现信号优先,如图 6-7 中的右图所示。将公交相位绿灯分为两部分,呈轴对称分配在信号时间环上。两个落点也呈轴对称落在两段绿灯中。

3) 有多个落点

有多个落点的情形将较复杂。由于公交车辆到达交叉口的时刻散落在信号时间环上,因而只能为有限的公交车辆提供优先。

相对而言,有一个落点或两个落点的情形,信号优先更容易实现。因而,从这一角度而言,应尽量调整公交发车频率和信号控制周期的关系,使之符合只有一个落点或两个落点的情形。

6.3.4 仿真评价与分析

1) 仿真模型构建

采用具有公交专用道的单点信号控制交叉口,一个进口道公交车辆到达的情形进行仿真。停靠站设置在交叉口远端,乘客到达停靠站的规律服从泊松分布,如图 6-8 所示。

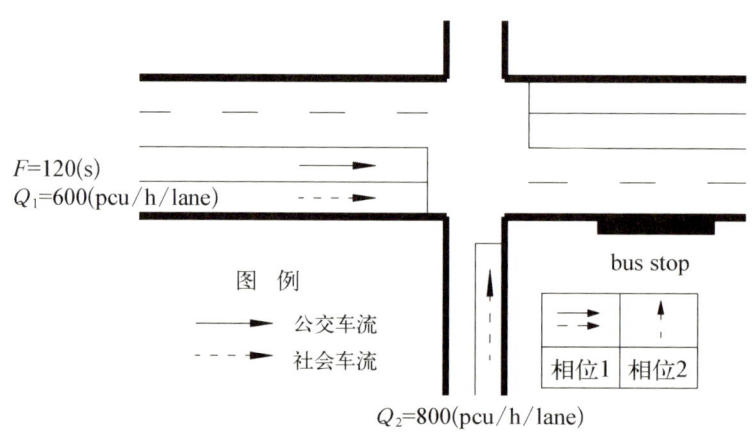

图 6-8 仿真模型示意图

两相位信号控制交叉口,信号周期 $C = 120\,\text{s}$,绿灯间隔时间为 8 s。设公交专用道一条,与其同相位的社会车道一条,流量 $Q_1 = 600(\text{pcu/h/lane})$,

相交道路机动车道 2 条,流量为 $Q_1 = 800$(pcu/h/lane)。社会车道饱和流量均取 1 800(pcu/h/lane),按等饱和度配时公交相位绿信比 0.4,非公交相位绿信比 0.53,此时两个相位的机动车流饱和度均为 0.83。

对以下的 2)和 3)节而言,由于几乎不涉及对社会车辆的影响,因而不讨论社会车辆运行指标。在 4)节,将评价控制方法对社会车辆的影响。

2) 不同落点对公交运行状态影响的仿真分析

取发车频率为 60 s($N=2$)、70 s($N=12$)、120 s($N=1$)、150 s($N=5$)和 620 s($N=6$)五种情况进行仿真分析。为准确分析不同落点数目的影响,仿真中设定公交车基本按发车频率规定的车头时距到达交叉口。采用公交车辆延误、公交车辆进入交叉口前的车头时距、通过叉口后的车头时距和公交车均延误为指标进行分析,结果如图 6-9、表 6-1 所示。

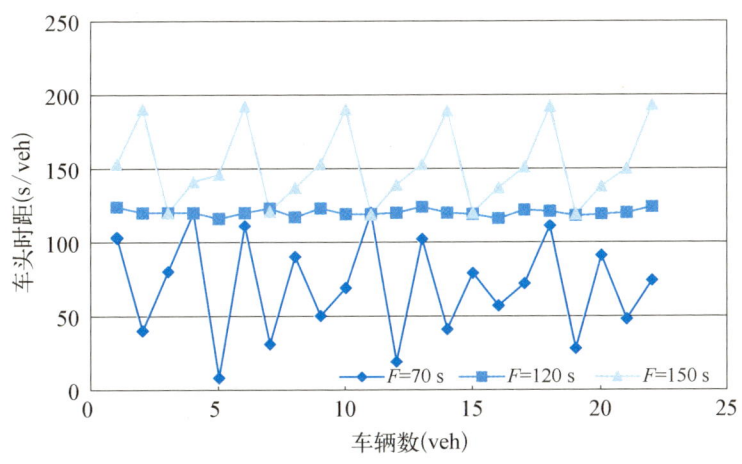

图 6-9 不同发车频率下车头时距波动对比

图 6-9 列出了发车频率为 70($N=12$),120($N=1$),150($N=5$)三种情况下,车辆通过交叉口后的车头时距波动情况。表 5-8 列出了三种情况下,车头时距的相对波动程度。

表 6-1　不同发车频率下车头时距变化幅度对比

发车频率(s/veh)	对应落点数(个)	车头时距波动幅度
70	12	−83%～+73%
120	1	−3.3%～+3.3%
150	5	−21%～+29%

可以看出，$N=1$ 的情形，信号控制对车辆车头时距波动的影响最小，波动幅度 −3.3%～3.3% 之间。而 $N=5$ 和 $N=12$ 的情形，波动幅度较大，而且随着 N 值得增加，波动的幅度也在增加。同时，高发车频率受落点数目的影响要比低频率显著。

图 6-10 显示了 5 种车头时距（五种落点 $N=1,2,5,6,12$）情况下的公交车均延误对比情况。$F=120(N=1)$ 延误明显低于其他情形。其他四种情形的车均延误在 20～30 s 之间，结合图 5-40 和表 5-7 分析，不同落点数目对车头时距的影响显然大于对车均延误的影响。对公交车辆而言，特别是高发车频率下，保持均匀的车头时距是至关重要的。

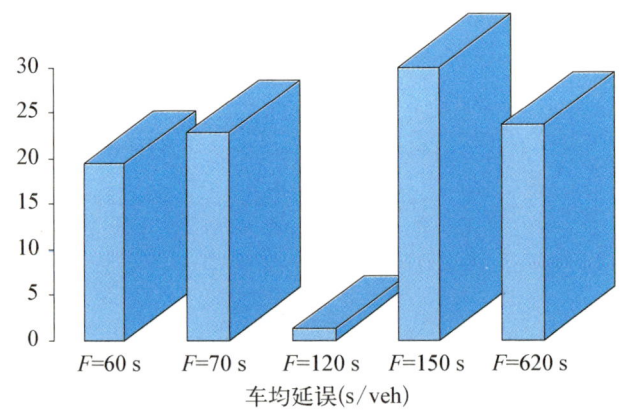

图 6-10　不同车头时距下车均延误对比分析

结合图 6-9、图 6-10 和表 6-1，可以看出，$N=1$ 的情形明显好于其他情形。

第6章 信号优先与调度协调策略

● 一个落点最佳落点位置仿真分析

在 VISSIM 仿真中,较难实现车辆到达时刻概率分布的模拟,因而利用停靠站产生车头时距服从 $N(120, 20^2)$ 分布车辆来模拟车辆到达时刻的波动性。从落点为绿灯起亮时刻开始,每隔 10 s 做一次 1 小时的仿真,共 24 次,相当于落点遍布两个周期的时间。公交车均延误的仿真结果如图 6-11 所示。

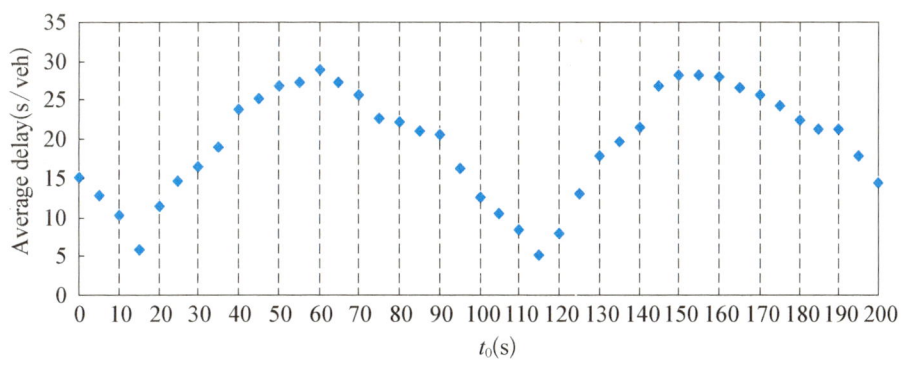

图 6-11 不同落点车均延误对比

图 6-11 的横轴表示落点在信号时间环上的位置(0 点表示公交绿灯开始时刻),明显地显示出对应一定的车辆到达分布,存在一个使得车均延误最小的落点位置,且这一落点位于信号绿灯时间中点之前。

● 两个落点仿真分析

将公交发车频率变为 180(s/veh),即 $F = 3/2C$,则根据前文结论,车辆到达时刻在信号时间环上有两个落点。下面对调整绿信比和调整相位相序两种方法进行信号配时的调整和仿真评价。

调整绿信比

在原信号配时下,两相位的饱和度均已经达到 0.83,因此在周期不变的情况下进行绿信比调整时,应尽量减少对非公交相位的影响。将公交相位绿信比调整为 0.5,即公交相位绿灯变为 60 s,非公交相位绿灯为 42 s,

调整前后的控制效果对比如表 6-2 所示。

表 6-2 控制仿真效果对比表

	公交延误	社会车辆饱和度		社会车辆延误	
		公交相位	非公交相位	公交相位	非公交相位
两相位	33	0.83	0.83	28.5	20.8
调整绿信比	1.3	0.89	0.77	20.5	36
调整相位相序	1.7	0.9	0.89	13.4	17.9

调整相位相序

将公交相位分为两段，其中一段在信号时间环上呈轴对称嵌入原来的红灯相位中，并按社会车流等饱和度进行配时，配时结果和相位设计如图 6-12 所示。

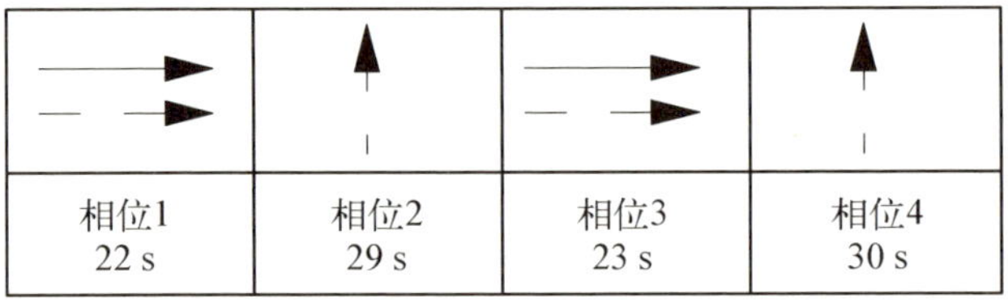

相位1 22 s	相位2 29 s	相位3 23 s	相位4 30 s

图 6-12 相位相序设计图

从表 6-2 看出，无论进行绿信比调整或相位相序调整都明显的降低了公交车辆的延误，但对社会车辆饱和度和车均延误造成的影响不同。两种方法的优选需要结合原信号配时下各相位车流的运行情况及其可能的调剂空间。

6.3.5 小结

公交发车频率与信号周期，两个分属于公交运营调度和信号优先系统的参数之间的关系进行了研究，提出了落点数目模型，最佳落点位置模型。在此基础上，研究了不同落点数目下的信号优先控制方法。最后，通过

VISSIM 仿真对本文所建立的模型进行了验证,结论如下:

1) 发车频率与信号周期的关系决定了车辆到达时刻在信号周期上的落点数目;

2) 落点数目为 1 和 2 时,也即发车频率为信号周期的整数倍或信号周期一半的整数倍时,较易在对社会车辆影响较小的情况下实现公交信号优先;

3) 高发车频率下车头时距受落点数目的影响相对显著;

4) 对一个落点的情形,存在使得车均延误最小的最优落点位置,在车辆到达时刻正态分布假设下,最优落点位置应在公交相位时间的 $0 \sim g_b/2$ 之间;

5) 对两个落点的情形,调整绿信比和相位相序都可以达到降低公交车均延误的效果。

6.4 在线优先策略与车辆驻站控制协调优化

6.4.1 概述

公交车辆实时控制是以车辆到站准点或行车间隔均匀为目标,根据车队运行状况在中途站对车辆实施驻站时间调整的调度措施,是公交动态调度的基本方法,对行车秩序和服务水平有重要影响[114][116]。在公交发车频率较大的情形下,以行车间隔均匀为目标更具有意义。动态调度与控制策略的协调可以从公交车辆行程时间计算模型的分析入手。

公交车辆行程时间可以用下式计算[118]:

$$T_b = \frac{L}{V} + \sum_{k=1}^{N} d_{jk} + \sum_{k=1}^{N} d_{sk} \qquad (6-6)$$

其中,T_b 为公交车辆行程时间;d_{jk} 为公交车辆在信号控制 j 交叉口的延误；d_{sa} 为公交车辆在停靠站 k 的停靠时间；L 为公交车辆路段行驶时间；V 为公交车辆路段运行速度。对于信号控制而言，如前所述，以交叉口群为控制对象，并且针对每一车辆进行控制策略的优化，其调整的是公式(6-6)的第二部分；而一般而言车辆实时控制针对全线所有运行车辆，在一定的决策间隔下，对驻站时间进行优化[117]，对于每一公交车辆，其调整的是公式(6-6)的第三部分。式(6-6)反映出一个明显的问题：可以通过控制与调度策略不同的组合，达到相同的目标。

6.4.2 协调问题描述

如图 6-13 所示，交叉口群中包含 N 个交叉口，n 个停靠站。每一经过控制对象的车辆都需要依次经过这 N 个交叉口，并在 n 个停靠站进行上下客。这一个过程中，车辆经过停靠站之后，可能在下游遇到红灯再次停驶，也可能遇到绿灯直接通过，而无论车辆是否在交叉口停驶，都必须在下游的停靠站停靠。此时，单独采用依据式(6-6)的经典行车间隔控制模型，如

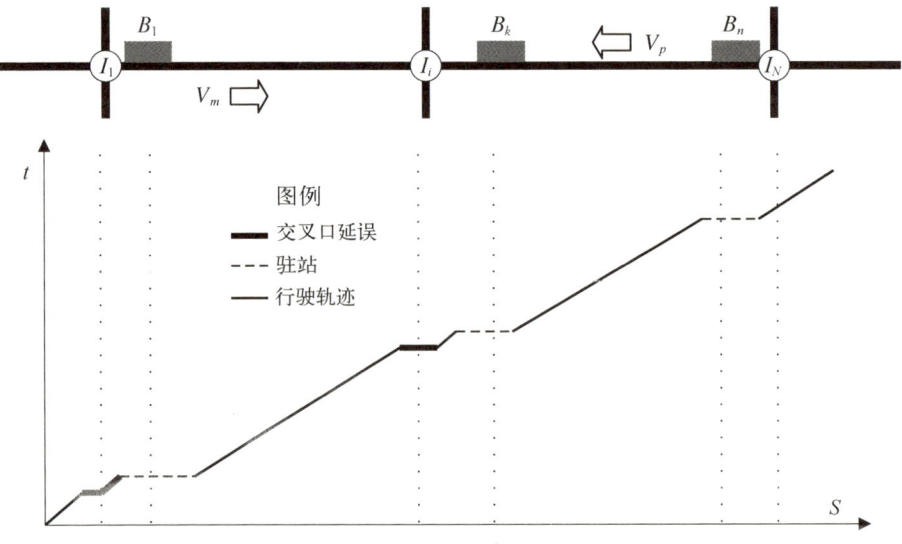

图 6-13 信号优先与车辆动态调度协调优化示意图

参考文献116中所提到的诸多模型与优先控制模型(如本书第5章的模型5-20)都会出现策略相互冲突和失效的情形,即驻站控制之后,由于车辆在下游交叉口遇到红灯,使得车辆在下游站点晚点;或者信号优先之后,车辆不得不在下游停靠站进行驻站控制;协调优化的目标就是解决这一问题,即寻求信号优先与驻站控制策略的最优组合。

6.4.3 协调的基本逻辑

首先假定调度策略能够提供驻站时间的约束,在控制模型中,将驻站时间作为变量,且采用调度系统提供的约束条件进行优化。进而得出最优的优先控制策略和驻站时间。整个优化逻辑如图6-14所示。

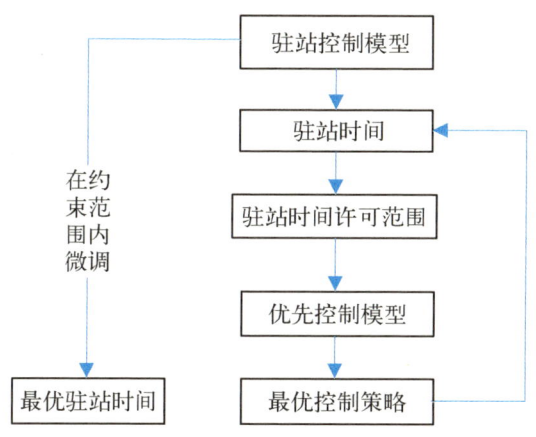

图6-14 驻站控制与优先策略协调逻辑

6.4.4 协调优化模型

1) 基本假设

本书研究是基于典型APTS环境展开的,公交营运具备了车辆进出站及站间运行实时监控技术(含AVL技术)、便捷收费技术(含APC技术)支持和公交车辆优先通行环境。可以认为:

● 已经通过的每一公交车辆离站时间已知；

● 公交车辆一次到站能够承载全部在站候车乘客；

● 各站车辆的上下车人数可以预测；

● 在同一站点如发生串车，则按照先到先出原则，前车先接受控制先离站，不会出现站点和站间超车。

2）第一步优化

● 目标函数

车辆在每一站点的停靠时间由两部分构成，第一部分为乘客上下客所需要的必需时间，第二部分为驻站调整时间，可以用下式表示

$$d_{si,k} = d_{sp,ik}(q_p, p_{i,k}) + \Delta s_{ik},$$
$$i = 1, 2, \cdots, N, \quad k = 1, 2, \cdots, n \tag{6-7}$$

其中，$d_{sp,ik}$ 为车辆 i 在停靠站 k 的总驻站时间；q_p 为车辆上下客所必需的时间，q_p 是前车离站时刻 $p_{i,k}$ 和客流 q_p 的函数。

将这一模型加入到模型 5-12 中，即取消该模型的基本假定（2），将公交车辆驻站时间作为一个变量引入信号优先策略的后续优化过程。则公交优先策略组合优化模型变为如下结构：

$$\text{Minimize}: (D_b(d_{ji}, d_{si}) + D_{bp} - D_{bs})^2 \tag{6-8}$$

即公交车辆的延误同时是两个变量，信号控制延（优先策略）和驻站时间（调度策略）的函数。

● 约束条件

在模型（6-8）的约束条件基础上，增加如下约束：

$$0 \leqslant \Delta s_{ik} \leqslant \Delta s_{\max} \tag{6-9}$$

即驻站时间在调度的许可范围内。

根据这一模型的特征，其存在多个最优解的可能。也即多个驻站时间

第6章 信号优先与调度协调策略

和优先策略的组合能够实现同一控制效果。而这些最优解是驻站时间 d_{si} 的函数。此时需要进行第二步优化。

3）第二步优化

设 ST_i 为一二元变量，即

$$ST_i = \begin{cases} 0 & 车辆在交叉口 i 不停车 \\ 1 & 当车辆在交叉口 i 停车 \end{cases}$$

在上述模型(6-8)解的基础上，第二步优化定义的目标为车辆在通过交叉口群的过程中停车次数最小，即

$$\text{Minimize} \sum ST_i \tag{6-10}$$

6.4.5 算例分析

采用数值算例对上述模型进行分析，控制对象如图 6-15 所示，由两个交叉口（I_1，I_2）和一个停靠站构成，交叉口间距 300 m。交叉口信号周期均为 100 s；两交叉口之间相位差为 40 s，最大延长绿灯时间为 15 s，最大红灯缩短时间为 10 s。按照调度要求，车辆通过这一交叉口群的时间为 76 s。有一公交车辆在交叉口 I_1 信号周期执行到 55 s 时进入控制区域（到达交叉口 I_1），驻站控制模型得车辆 k 在停靠站的最优驻站时间为 30 s，许可的波动幅度为 ±10 s。车辆在路段运行速度为 30 km/h。

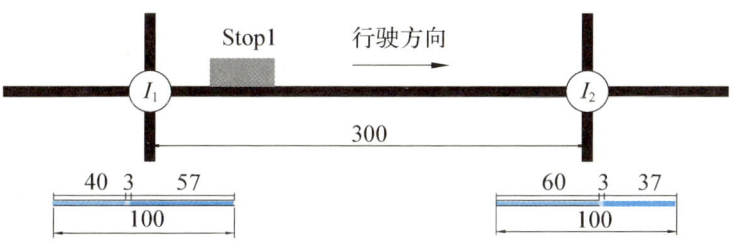

图 6-15 控制与调度协调优化算例示意图

对以下四种情况进行分析：

1) 情形1：两个交叉口均无信号优先，且按照调度最优驻站时间执行；

2) 情形2：两个交叉口均无信号优先，对驻站时间进行优化；

3) 情形3：两交叉口均进行最大程度优先，驻站时间按调度最优执行；

4) 情形4：信号优先和调度策略协调优化。

上述四种情况下公交车辆的状态偏移值，停车次数和每一个交叉口因为信号优先而进行的信号时间调整幅度对比如表6-3所示。

表6-3 不同情形下控制与调度参数对比

	驻站时间(s)	第一交叉口调整时间(s)	第二交叉口调整时间(s)	车辆状态偏移值(s)	停车次数
情形1	30	0	0	35	1
情形2	20	0	0	25	1
情形3	30	15	10	−1	1
情形4	40	15	9	0	0

从表6-3可以看出，优先控制策略与驻站时间的协调优化，对降低车辆运行状态的偏差，减少停车次数都有明显的作用。而且，不同情形下，驻站时间与车辆状态偏移没有必然的单调增减关系。如情形1和情形3，相同的驻站时间不同的控制策略下，车辆运行状态有明显的差别。情形四虽然增加的驻站时间，在协调策略下，车辆运行状态偏差到达了最小。

情形4协调优化策略下，车辆运行状态偏差（行程时间偏差）和停车次数随驻站时间变化如图6-16。

从图6-15中可以进一步看出，驻站时间与车辆运行状态偏差没有明显的单调关系，但存在着一个最优的驻站时间，在车辆状态偏移最小的同时，实现停车次数的最小。

第6章 信号优先与调度协调策略

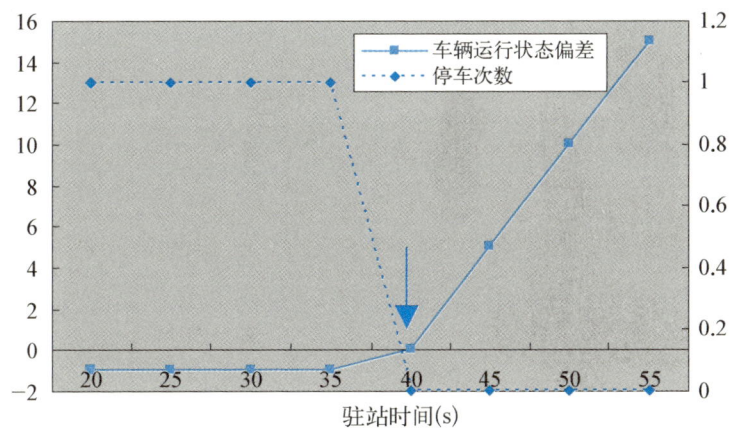

图 6-16 车辆运行状态偏差随驻站时间变化图

第7章 公交优先控制优化软件实现研究

为实现公交优先控制理论的应用,必然需要将其软件实现。实时交通控制软件的实现十分复杂,本章的研究仅是对信号优先控制应用软件优化计算模块的初步探索,试图建立公交优先控制优化计算模块的数据结构和逻辑流图,并实现控制理论中的主要模型和算法。公交优先控制需要作为城市交通控制系统的一部分来运行,优先控制软件的实现在考虑了总体控制系统软件的架构后才具有实际意义。本章以 TJTCMS 系统软件架构为背景,为了能够方便且形象地配置参数和观察评价控制的效果,在实现了模型算法的同时,开发了底层的仿真模块和用户界面模块。

7.1 软件研究定位与功能模块设计

7.1.1 软件的功能定位

公交优先控制必须作为城市交通控制系统的一部分才能高效发挥其作用,公交优先控制软件也必须能够与交通控制软件结合在一起才具有实际意义。优先控制软件与城市交通控制软件的逻辑关系如图 7-1 所示。

第 7 章 公交优先控制优化软件实现研究

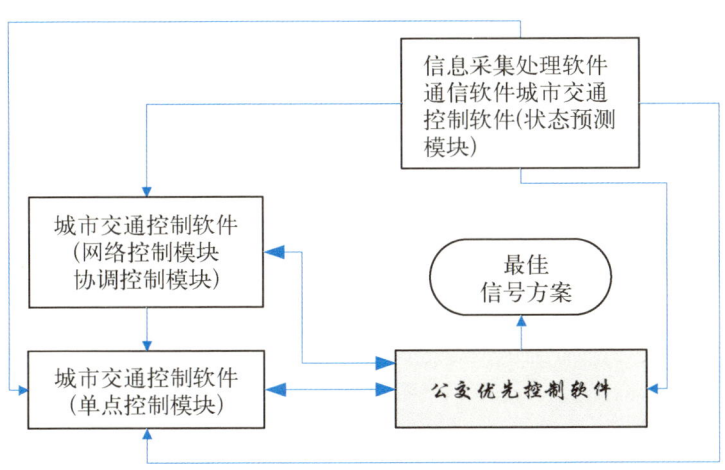

图 7-1 优先控制在控制系统中的定位

完整的交通信号控制软件不但包括控制优化算法,还包括底层的信息采集与通信传输软件和用户界面及与其他系统的接口。本章仅集中于公交优先控制方案的优化。

7.1.2 软件主要构成模块

软件主要由用户界面、底层仿真和在线优化三个主要模块构成(图 7-2)。

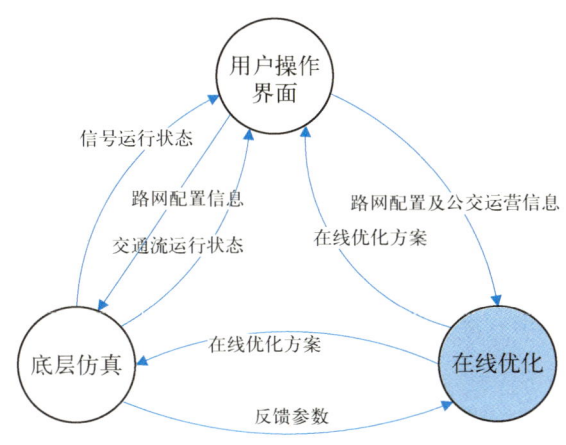

图 7-2 软件的主要构成模块

其中,在线优化模块是本软件开发的关键。底层仿真模型主要用于模拟实际的交通流和信号运行状态,用以提供优化所需要的数据和评价参数。用户操作界面主要提供配置参数的输入和控制效果分析演示的功能。

7.2 软件逻辑流程

7.2.1 在线优化逻辑流程

在线优化是指接收公交优先请求,并根据对应的优先请求,按照一定的控制时间序列对其进行响应,对背景控制方案进行调整从而实现在线公交优先控制策略。在线优先控制策略以每一线路的出站公交车辆为控制对象,以保持均匀的车头时距或准时为目标,以两个站点之间的信号控制交叉口信号控制参数为优化变量,以背景交通控制方案为约束条件。

在线优化的逻辑流程为初始化、获取路网与公交运营信息、获取公交优先请求、获取路网交通流与方案运行状态、判断是否响应服务请求、优化计算配时方案(图7-3)。

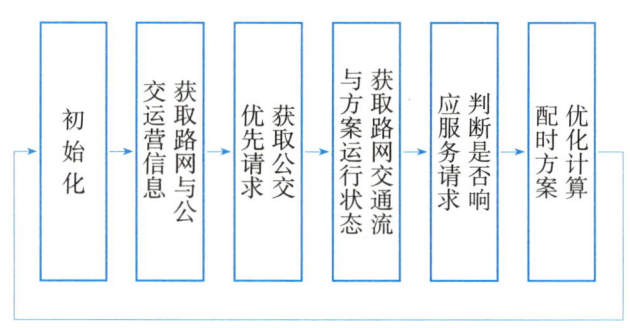

图7-3 在线优化逻辑流程图

7.2.2 底层仿真逻辑流程

由于软件在实地的验证有较大难度，因此需要自己具有底层仿真的功能对控制路网中的控制方案和对应的交通流运行特性进行模拟。从而可对离线计算的控制方案进行实时评价，并对在线优先在线优化模块提供支持。

底层仿真的逻辑流程为初始化、获取路网配置信息、获取车辆运行特征参数、获取背景控制方案、获取仿真运行参数、仿真开始、公交优先请求的产生、响应系统优先方案、响应单点感应方案、方案的过渡与恢复（图 7-4）。

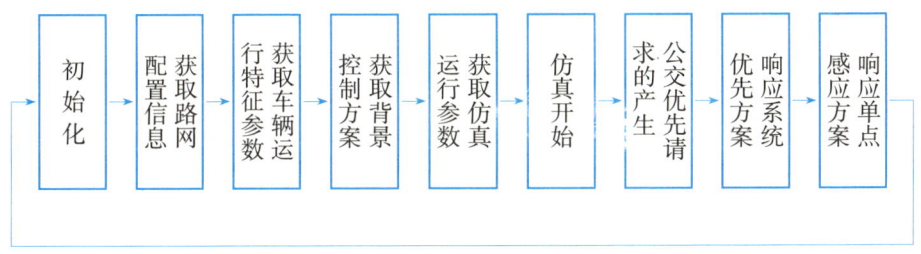

图 7-4 底层逻辑流程图

7.3 数据结构设计

7.3.1 用户操作界面模块

1) 功能分析
- 用户管理功能
- 用户登录
- 新用户建立
- 用户权限管理

- 公交优先控制软件运行参数的读取与设置
- 通过对话框读取外部配置文件
- 本地运行参数的设置
- 公交优先运行状态的演示
- 公交绿波演示
- 公交车辆运行时空轨迹演示
- 公交运行参数的统计报表

2）软件模型的建立

界面的软件模型基于模型-视图（Model-View）体系进行建立。模型用于存储处理所需要定义的各类数据，视图用来建立来自模型中数据的图形表现。因此将软件模型主要分为两类：模型类、视图类。

模型类

- 用户管理类（UserManager）
- 路网配置类（NetworkConfigration）（由 XML 模型直接生成对应类结构）
- 公交绿波数据类（TGreenWaveData）
- 公交运行轨迹类（TTrajectoryData）
- 公交评价参数类（TEvaluationData）

视图类

- 主界面类（UserFrame）
- 用户管理界面类（UserManagerFrame）
- 公交绿波演示类（TGreenWaveDemoPanel）
- 公交运行轨迹演示类（TTrajectoryDemoPanel）
- 公交评价参数演示类（TEvaluationDataDemoFrame）

其他类

除了这些主要的软件模型外，还需要建立些较简单的类对界面进行支持,如用户登录对话框类(UserLoginDialog),图片显示类(PaintPanel)以及一些由于界面较复杂所建立的子面板类(SubPanel)等。

7.3.2 在线优化模块

1) 功能分析

- 公交优先请求响应及处理;
- 公交优先控制方案的生成与发布;
- 公交车辆实时检测信息的处理;
- 感应式公交优先控制逻辑的实现。

2) 相关数据模型

静态数据结构

- 上游检测器(UpstreamDetector)
- 下游检测器(StopLineDetector)
- 路段行人过街检测器(PedestrianDetector)
- 公共汽车检测器(BusDetector)
- 行人横道(PedestrianCrossing)
- 相位(Phase)
- 信号灯组(SignalGroup)
- 离线方案(SignalPlan)
- 信号灯组冲突表(SignalGroupConflitTable)

动态数据表

- 信号灯组方案(SignalGroupPlan)
- 上游检测器数据(UpstreamDetectorData)
- 下游检测器(StopLineDetectorData)
- 进口道(ApproachLaneData)
- 车道组(LaneGroupData)

- 交叉口（IntersectionData）
- 公交优先请求

7.3.3　底层仿真模块

1) 虚拟信号机

根据定期接收到的控制方案按时间序列产生模拟信号机运行的状态参数：

- 当前周期的运行状态；
- 每个信号灯组（SignalGroup）运行的状态；
- 接收从交通流仿真模块传送来的车辆检测器数据。

2) 交通流仿真

- 根据仿真模型实时模拟每个仿真单元时间内的社会车辆和公交车辆的运行特征；
- 根据预先设定的社会车辆流量或者通过发车模型获取的车辆信息产生社会车辆检测器信息；
- 按照一定频率（2 s）发布公交车辆实时运行特征（车速，是否进站），并按照预设逻辑产生公交优先请求；
- 接受虚拟信号机实时发布的控制方案调整车辆行驶特征。

7.3.4　软件数据模型的建立

将前述的数据结构应用相应的软件工具按照软件面向对象的思想建立了软件数据模型。

详见图 7-5～图 7-7。

第7章 公交优先控制优化软件实现研究

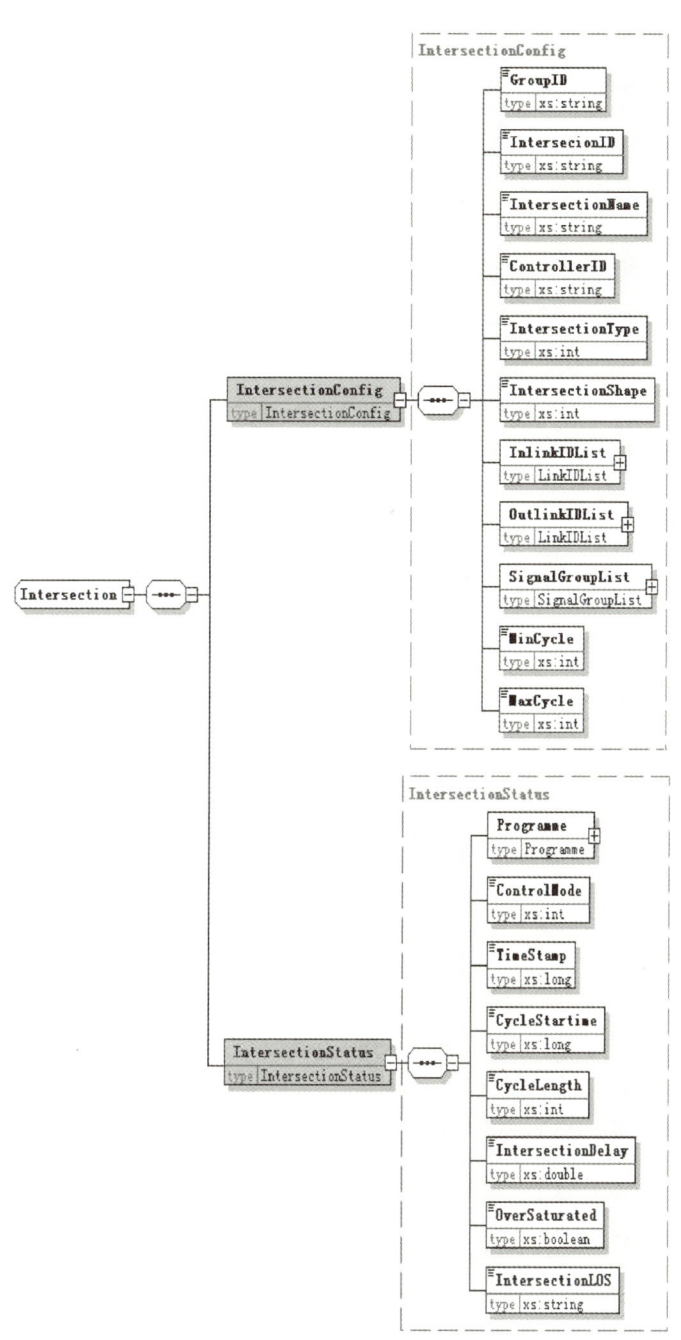

图 7-5 单点交叉口结构

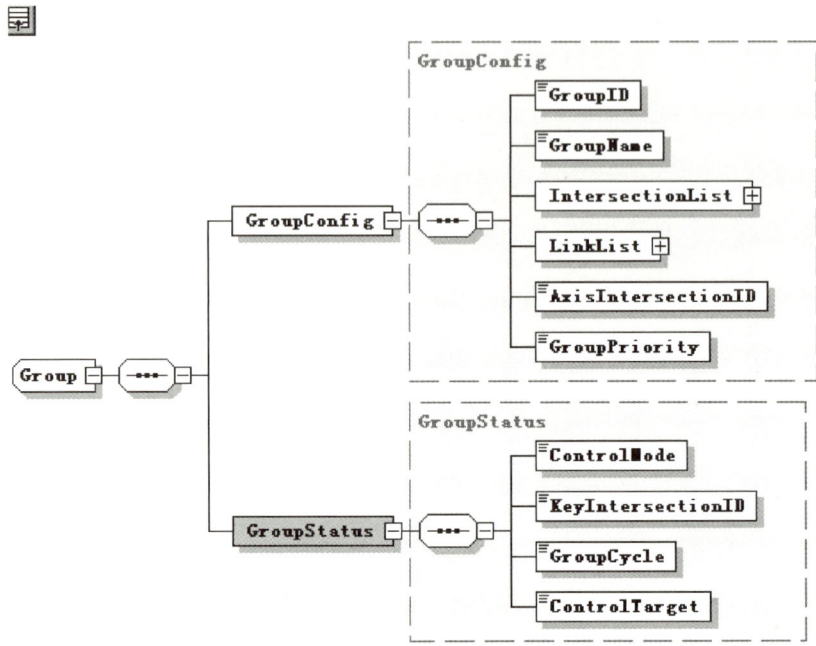

图 7-6 交叉口群结构

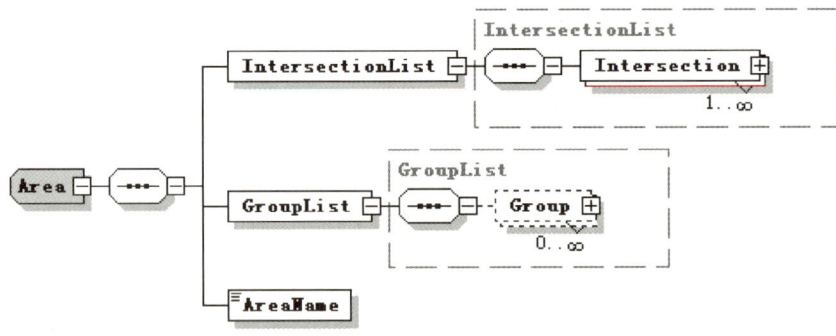

图 7-7 区域结构

7.4 软件的实现

7.4.1 软件开发环境

软件采用的操作系统为 Microsoft Windows 2000,以微型机作为系统的硬件平台,CPU 为 Pentium4 2.4GHz。

软件的开发语言选用 JAVA 语言。虽然使用 JAVA 语言开发的相同复杂度的程序在运行效率上不如 C 语言,但由于 JAVA 具有硬件无关性的特点。使用 JAVA 语言开发程序的时候,不用担心运行环境是 Windows 操作系统或是 Unix 操作系统,运行的机器是 PC 或是 MAC 上,开发人员能够专心将精力集中于软件复杂功能的实现上。这个特点正适合城市交通控制系统优化软件的开发,因为现阶段国内有众多企业开发城市交通控制系统,但由于国内相关领域的研究起步较晚,并没有一个明确的标准。而且开发优化软件的高校由于缺乏和厂商的紧密合作,因此软硬件系统的集成一直都是困扰软件开发者的难题。JAVA 语言的这种特性使用能使软件在系统集成时所需要花费的工作量大大减少。

JAVA 语言的编译工具采用 Eclipse3.0.1。Eclipse 是替代 IBM Visual Age for Java(IVJ)的下一代 IDE 开发环境,它不但是开发 Java 程序的 IDE 环境,还能通过开发插件,扩展到任何语言的开发,甚至能成为图片绘制的工具。

对象数据结构的软件设计采用 XML 语言来描述。可扩展的标记语言(Extensible Markup Language,简称 XML)是 W3C 定义的一种标准,是目前应用较广泛的一种数据描述语言,许多软件都支持 XML 设计文档的导入,因此 XML 是定义数据类的不二之选。采用的 XML 工具为 XMLSpy 企业版,其中的在线优化算法程序如附录 A、B、C。

7.4.2 基于 Petri 网底层仿真模型[119][120][121]

Petri 网模型由 Carl Adam Petri 于 1962 年在他的博士论文中第一次提出[3]。经过三十多年的发展，Petri 网作为一种图形化、数学化建模工具，已经成为具有严密数学模型、多抽象层次、多用途的通用理论，并逐渐成为各相关学科的"通用语言"。Petri 网是一种有向图。它的节点有两种：库所（亦称位置，记为 P）和变迁（记为 T）。所有有向弧必须是由 P 到 T 或由 T 到 P 的。P 中含有（一种或者多种）令牌（Token），代表资源或条件。当任一变迁的所有上游库所的令牌均达到某种数量要求时，该变迁将引发。引发的结果一方面消耗其上游各库所一定数量的令牌，另一方面又为其下游库所补充另一些数量的令牌。各库所中的令牌数分布情况称为"标识"，也就是系统的状态。系统按此规则一步步运行，状态亦逐步演变。Petri 网还可以描述并发现象，即每一步可有多个变迁同时引发，当然这可能导致资源竞争、死锁等问题，要用一些规则加以协调和化解。

7.4.2.1 建模思想

本书以基于公交专用道的公交优先系统为建模对象，通过对建模对象特征的分析，要求模型主要需要考虑以下三个方面：

- 能够描述公交优先策略对于公交车辆的影响；
- 能够体现交通信号控制对社会车辆的影响；
- 能够描述社会车辆和公交车辆在路段和交叉口行驶过程中的运行特征。

因此，将对象的分为两个部分分别建立模型：路段和交叉口。在路段 Petri 网模型中，将应用 CTM(Cell Transmission Model)的思想，将路段分为若干个 Cell，通过描述各 Cell 之间交通流的移动来描述整个路段交通流运行的状态，由于公交车辆与社会车辆在不同的空间行驶，因此每个路段 Petri 网模型包含了社会车辆和公交车辆两个子模型，子模型之间相互独立，通过参数的配置用于描述社会车辆和公交车辆行驶的不同特性。交叉口 Petri 网模型包含交叉口内部车流运行模型和信号控制模型 2 个部分，交叉口 Petri 网模型将描述车辆在驶入交叉口后的运行特征及状态，信号控制模型将对交叉口信号配时的方案进行描述。

7.4.2.2 路段 Petri 网模型

路段 Petri 网模型采用了 CTM 模型的建模思想。CTM 模型的建模思想最早由 C. Daganzo 提出，模型通过将道路分为若干个 Cell，每个 Cell 对应道路上的一个一小段道路，并将连续的时间划分为相等的离散时间间隔。通过描述各个 Cell 在每个时间间隔内流量密度变化和车辆的移动情况来描述整个路段交通流的运行状态。CTM 模型早期用于描述高速公路上车辆运动状态，后来也有人逐渐将其应用于信号控制城市路网交通流的研究。

路段 Petri 网模型分为社会车辆路段模型和公交专用道模型。在社会车辆路段模型中，一个路段被分为标号为 $i=1,\cdots,n_s$ 的若干个单元，每个单元的长度为在每个时间间隔 Δt 内车辆以自由流车速行驶的距离。模型将按照 Δt 的时间间隔进行迭代，迭代时，每个单元都从上游的单元接收车辆，并将车辆发送至下游的单元，同时更新单元的车辆运行参数。设 $N_{i,k}$ 为单元 i 在第 $K\Delta t$ 时刻的车辆数，$v_{i,k}$ 为单元 i 内的车辆在第 $K\Delta t$ 时刻的平均车速。并且定义 $Q_{i,k}$ 为在时间间隔 $[K\Delta t,(K+1)\Delta t]$ 内从单元 i 发送至单元 $i+1$ 的车辆数，可以得到如下关系：

$$\begin{cases} N_{i,k+1} = N_{i,k} + Q_{i-1,k} - Q_{i,k} \\ Q_{i,k} = \min(S_{i,k}, R_{i,k}) \\ S_{i,k} = N_{i,k}\dfrac{v_{i,k}\Delta t}{L_i} + \eta_{s,k} \\ v_{i,k} = v(N_{i,k}) + \eta v_{i,k} \\ R_{i,k} = \dfrac{L_{i+1}l_{i+1,k}}{A_l + v_{i+1}t_d} - N_{i+1,k} + Q_{i+1,k} \end{cases}$$

其中，$S_{i,k}$ 为发送函数，描述在 $K\Delta t$ 时刻，单元 i 中的 $N_{i,k}$ 辆车在 $(K+1)\Delta t$ 时刻可能会发送至 $i+1$ 单元的车辆数；$R_{i,k}$ 为接收函数，描述在时间间隔 $[K\Delta t,(K+1)\Delta t]$ 内单元 $i+1$ 能接收的最大车辆数；A_l 为平均车长；t_d 为安全车头时距；L_i 为单元 i 的长度；$\eta_{i,k}$ 为均值为零的噪声。

公交专用道的 Petri 网模型基本与社会车辆路段的 Petri 网模型类似，只是由于模型无法对每个单元内的车辆进行识别，因此在设置单元长度的时候保证每个单元只能保存一辆公交车辆，通常设置的长度为这样可以通过扫描每个单元的状态获取公交车辆的行驶状态。由于社会车辆路段模型和公交专用道模型的每次迭代代表的时间间隔不同。因此，需要建立一个系统时钟模型，使得两个模型的迭代通过一个统一的系统时钟得以同步，系统时钟的运行间隔为两个模型迭代间隔的公倍数。例如，社会车辆路段模型的迭代间隔为 3 s，公交专用道模型的迭代间隔为 2 s，则系统时钟运行间隔定为 6 s，保证社会车辆路段迭代 2 次的同时公交专用道模型迭代 3 次，模型的 Petri 网描述见图 7-8。

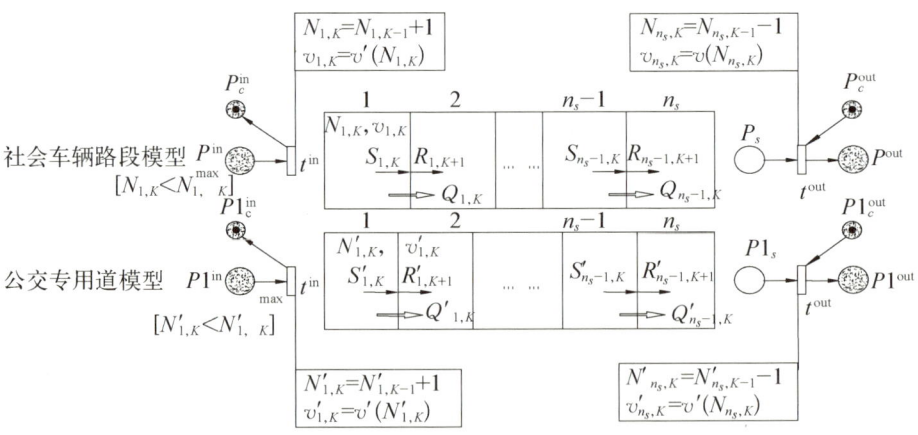

图 7-8 路段 Petri 网模型

7.4.2.3 交叉口 Petri 网模型

交叉口的 Petri 网模型采用信号控制模型和交叉口模型组合而成。信号控制模型是一个时间 Petri 网模型。模型通过建立了交叉口信号控制各信号之间的离散时间关系描述了交叉口信号控制配时方案。基于时间 Petri 网的信号控制模型的组成元素包括：与各相位绿灯时间和绿间隔时间相等的变迁（Transition），描述各相位运行状态和车流通行权的库所（Place）。模型中包含两种令牌（Token），一种令牌控制信号配时方案的运行，另一种令牌控制相应的车流通行。图 7-9 是一个两相位的信号控制模型。

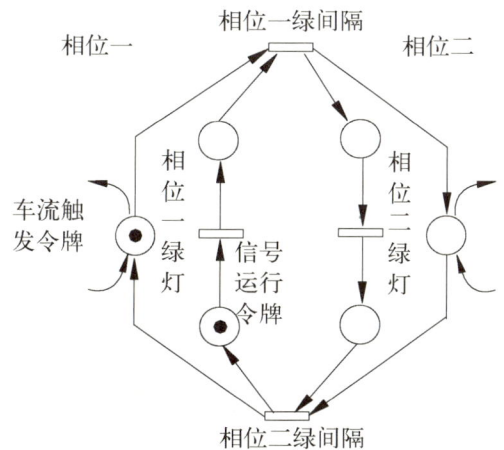

图 7-9 两相位的时间 Petri 网信号控制模型

交叉口内部车辆运行模型描述了在车辆驶入交叉口后的行驶状态。该模型的最大特点就是能描述各冲突车流在交叉口内部的行驶状态。模型对每一股车流的运行状态都进行了定义一个时间 Petri 网模型，并对其中的冲突车流定义了模型接口。图 7-10 是一个两相位时西进口左转车流时间 Petri 网模型。模型中的各变迁的时间长度可以通过实际道路网情况进行调查或计算得到。

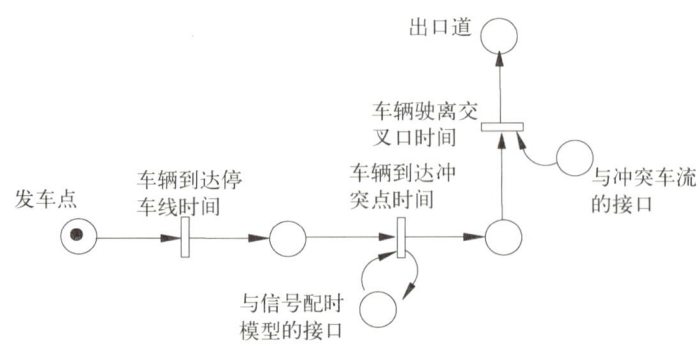

图 7-10　西进口左转车时间 Petri 网模型

7.4.3　软件的界面

软件的界面包括主界面、信号配时编辑界面、流量修改界面、公交线路修改界面、绿波演示界面、路网运行状态演示以及相关统计数据的报表（图 7-11～图 7-13）。

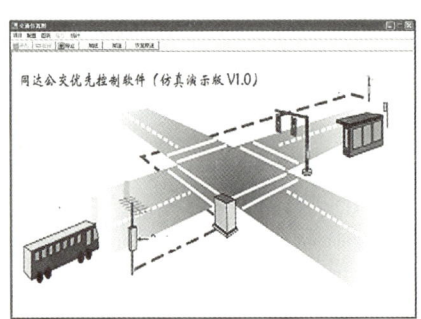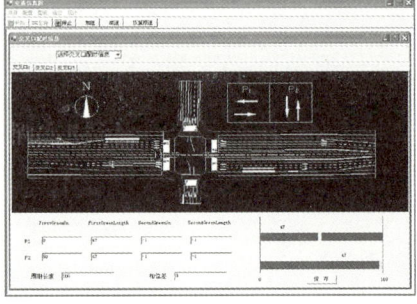

图 7-11　软件输入界面

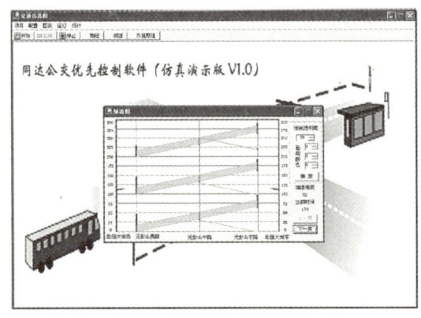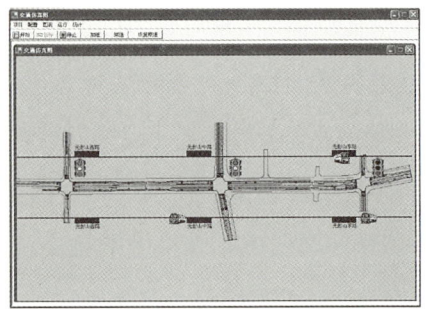

图 7-12　软件演示界面

第 7 章　公交优先控制优化软件实现研究

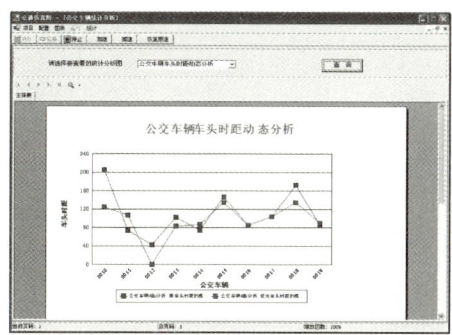 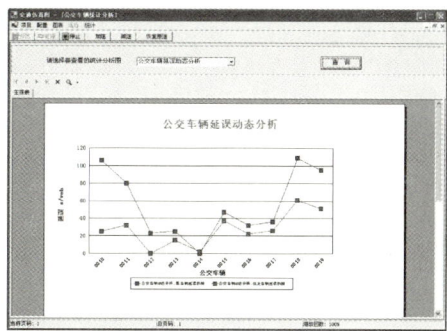

图 7‑13　指标评价界面

第 8 章 结论与展望

8.1 主要研究成果

公交信号优先控制自 1967 年起逐渐发展成为城市交通控制领域的重要分支。在全世界范围内大力推广公交优先的背景下,公交优先控制理论的研究具有重要的理论和实践价值。本书从实际的应用需求和客观的理论问题入手,重新定义了公交优先控制的研究对象,设计了系统原型,并深入研究了其中的运行逻辑和优化模型,拓展和丰富了公交优先控制理论。主要成果体现在如下几方面:

1) 总结了国内外相关研究和成果,并对其进行综合分析。研究了不同公交系统特征下对优先控制理论的需求和需要迫切解决的问题。

2) 设计了信号优先控制系统的原型结构,提出了离线与在线结合、系统协调与单点感应互补和控制与调度协调的控制思想,并设计了信号优先策略的总体优化逻辑流程。

3) 提出了离线优先控制逻辑,研究了包括信号周期、相位相序、绿信比和相位差的优化模型。每一部分都设计算例进行了深入分析。研究指出,考虑公交优先的信号周期应由"基本周期"与"在线增量"两部分构成,而

"小周期利于信号优先"和"人均延误最小"等都有其局限。公交优先条件下,考虑相邻交叉口的左转相位协调设计及与行人相位的协调设计的优化模型,能够显著降低公交车辆的延误,同时对社会车流的不利影响较小。对相位差的敏感性分析表明,当公交车辆行程时间波动较小时,本书模型存在优化之价值,而当波动很大时,考虑公交的相位差优化将失去实际意义。

4)提出了在线优化协调控制与单点控制互补的控制逻辑,并研究了有条件公交优先协调控制方法。该方法以交叉口群为控制对象,以最小化公交车辆运行状态偏差(正、负)为目标。在该方法框架下,建立了公交车辆延误预测模型、信号优先申请生成模型、多申请最优排序模型、优先策略及其延误模型和优先策略组合优化模型。本书还提出了协调条件下的单点感应控制逻辑。

5)探索了公交信号优先与调度协调策略。提出了考虑公交发车频率的信号优先控制方法;研究了在线优先策略与驻站控制的协调模型。

6)研发了以优化功能为主的公交信号优先控制核心软件。该软件主要由优化策略、用户界面和底层仿真三个主要模块构成。

8.2 创 新 点

1)在控制对象和控制结构上,将公交信号优先的基本控制对象定义为"交叉口群",并提出了基于此的信号优先控制系统原型。这使得优化策略能够摆脱单个交叉口资源有限的约束和局部最优的缺陷,并避免了交叉口间优先策略可能的相互制约。

2)在控制思想上,提出了离线与在线结合、协调优化与单点感应互补和控制与调度协调的优先控制思想,把时空资源的组合优化纳入优先控制策略的优化过程，这进一步扩大了信号优先策略的优化空间和适用范围，而且使得基于这一思想的信号优先策略能够摆脱其与调度策略的可能冲突和相互掣肘。

3）建立了离线优先控制模型体系、有条件公交优先协调控制及协调条件下的感应控制方法，提出了发车频率与公交优先策略的协调模型，探索了优先控制与驻站控制的协调方法。

8.3 研究展望

本书提出的具体的优先控制模型虽然基于专用道的条件，但基本控制对象、控制结构和控制思想及方法具有一定程度的上的普遍意义，可以应用于非专用道条件。在应用到非专用道情形时，关键的研究在于车辆行程时间的预测模型（包括车辆可能的停靠时间波动和排队延误等），即为控制系统提供从车辆通过检测器到其到达交叉口停车线的时间。虽然本文提出的在线策略能够在一定程度上应对行程时间波动的情况，但在非专用道条件下，这一时间的波动幅度可能会超出在线策略所能处理的范围。

本书基于循环优化的基本思想设计信号优先策略，即控制策略以信号周期、绿信比、相位差等的优化为核心内容和基本特征，该策略建立在循环优化的交通控制系统上。未来的研究可以拓展到非循环优化（滚动优化）控制策略的设计和实现。

本书对模型采用枚举方法进行求解，没有深入研究特别是在网络较大时算法的实时性和效率。后续的研究中，如何提高模型求解速度是一个重要的问题。

同时，信号优先策略的实现建立在城市交通控制系统之上，控制系统的研究和实现对信号优先策略的研究和进展有重要的影响,不同的控制系统结构和控制策略下,信号优先策略的适用性不同。因而将公交优先控制系统整合入城市交通控制系统,并进行实证研究,是未来的主要研究方向。

后 记

闲云潭影日悠悠,物换星移几度秋。青春易逝,华发早生,二十年寒窗如梦！承蒙诸君不弃,今日若有所成,寥寥数语,难表感激之情！

感谢恩师杨晓光教授！六年的悉心指导,六年的热忱关怀,历历如昨！富有启发的点播,自由宽松的学术研究环境,丰富多样的锻炼学习机会,让我受益匪浅。"天地合一,扎实奋斗"的训条,时时萦绕在耳边；忙碌的身影,坚定的神情,常常浮现于脑海。做人的道理,做事的原则,做学问的态度,言传身教,耳濡目染,让我六年的所学,远不止如此薄薄的一书！在最瑰丽的青春年华,能得如此名师提携点播,实乃人生之幸事！

感谢彭国雄教授、周溪召教授和李克平教授在本书研究过程中给与的帮助！感谢 Gang-len Chang(University of Maryland)教授就论文部分内容给出的精炼而句句中的的指点；感谢 Peter. G. Furth(Northeastern University)教授评阅了本书部分内容并给出有价值的修改意见；感谢能源基金会专家 Paulo Sergio Custodio 在研究工作中给予的关心和支持；感谢郝颖小姐在学习和生活中给予的关心和帮助！

感谢白玉博士、云美萍博士、吴志周博士、周雪梅副教授等人对本书提出的宝贵意见和在学习工作中给与的帮助！感谢袁长亮博士、沈峰博士、聂磊硕士等人在本书研究和软件实现上的鼎力支持！感谢阴炳成工程师、

后　记

刘月博士、林瑜博士、蒲文静博士、龙亮博士等在学习和生活上的无私支持和帮助。

感谢研究组所有的兄弟姐妹！曾经的唇枪舌剑，曾经的通宵达旦，都定格为永久的回忆——在青春激荡的岁月，有你，有我，哭过，笑过，奋斗过！

感谢父亲母亲，感谢我的爱人，感谢我的兄弟姐妹！你们的挚爱是我力量的源泉，你们的期盼是我前进的动力！

感谢所有关心和帮助过我的老师、同学及朋友！

感谢国家"十五"科技攻关课题的资助！

附录 A 信号优先控制优化模块(主程序)

```
/*
 * @author Wanjing Ma
 * Created on 2006-10-15
 * TODO To change the template for this generated file go to
 * Window - Preferences - Java - Code Style - Code Templates
 */
package priorityControlStrategy;
import java.util.Iterator;
import java.util.Vector;
import commandmanager.EventListener;
import commandmanager.EventManager;
import BusN.BusEvaluationData;
import BusN.CoordinateBusData;
import BusN.VirtualController;
import BusStructure.BusStop;
import BusStructure.Intersection;
import BusStructure.SignalPlan;
import BusStructure.Stage;
```

附录 A 信号优先控制优化模块(主程序)

import BusStructure.StageEvluationInformation;

//主优化程序 6.14

```java
public class BusPriorityStrategy implements EventListener {
    int tp = 1;//单一乘客上下客时间
    int coordinateSize = 3;
    VirtualController[] vC = null;
    int maxScheduleDev = 10;//公交车辆通过该区域最大允许偏差时间
    Vector intersectionVector = LoadBusConfig.getInstance()
            .getIntersectionVector();//交叉口编号顺序与公交车辆上行(UP)
//方向保持一致
    int busBackGreen[] = new int[intersectionVector.size()];
    double busBackDelay[] = new double[intersectionVector.size()];
    Vector busStopVector = LoadBusConfig.getInstance().getBusStopVector();
    int insertPhaseLength = 5;
    int extensionPhaseLength = 10;

    int truncationPhaseLength = 10;
    int shortBusGreenTime = 5;
    int truncationBusGreen = 5;
    //double permitDelayDev = 10;//延误偏差允许值
    int K[] = new int[intersectionVector.size()];
    int[] cycleNum = new int[intersectionVector.size()];
    int dwellTime[] = new int[busStopVector.size()];
    int[] arrivalGreenTimeLocation = new int[intersectionVector.size()];//车
//辆到达时刻在相位 i 绿灯时间中的位置,作为全局变量在 getArrivalStage()获得
//数值
    SignalPlanStorage[] signalPlanStorage = new SignalPlanStorage[intersectionVector
```

```
            .size()];
    int[] coOptK = new int[intersectionVector.size()];
    int flag = 0;//标记是否第一次接受到协调数据 CoordinateBusData,用于初始
化 signalPlanStorage
    int[] extensionTime = new int[intersectionVector.size()];////延长相位结
束时刻
    int[] truncationTime = new int[intersectionVector.size()];//相位切断时刻
开始
    int[] insertTime = new int[intersectionVector.size()];//插入相位时刻开始
时刻
    int[] insertPoint = new int[intersectionVector.size()];
    int[] stageNum = new int[intersectionVector.size()];//到达时刻的相位序号
    int forbidInsertFlag = -1000;
    int[] arrivalCycleNum = new int[intersectionVector.size()];
    int[] coArrivalCycleNum = new int[intersectionVector.size()];
    int[] beginTimeCoordianted = new int[3];// 收到协调数据的时刻
    int[] endTimeCoordinated = new int[3];// 发送方案时刻
    double rememberBusDelay = 0;//记忆前车通过的初始延误
    double rememberPriorityBusDelay = 0;//记忆前车优先后的延误;
    int standardHeadway = 100;//标准车头时距;
    int standardTravelTime = 240; //150.54 + 30 * 3
    public BusPriorityStrategy(VirtualController[] virtualController){
        super();
        // TODO Auto-generated constructor stub
        vC = virtualController;
        commandmanager.EventManager.getInstance().addListener(
                "CoordinateBusData", this);
        commandmanager.EventManager.getInstance().addListener(
```

附录 A 信号优先控制优化模块(主程序)

```
                    "IsolatedBusData", this);
        for (int i = 0; i < signalPlanStorage.length; i++) {
            signalPlanStorage[i] = new SignalPlanStorage();
        }
        initSignalPlanStorage();
    }
    int test = 1;
    public void processEvent(String eventName, Object source, Object data) {
        // TODO Auto-generated method stub
        if (source instanceof CoordinateBusData) {
            for(int i = 0; i<vC.length; i++){
                beginTimeCoordianted[i] = vC[i].getCycleCount();
            }
            flag++;
            if (flag > 2)
                flag = 2;
            System.out
                    .println("CoordinateBusData received ####BusPriorityStrategy"
                            + " vC[0] "
                            + vC[0].getCycleCount()
                            + " vC[1] "
                            + vC[1].getCycleCount()
                            + " vC[2] "
                            + vC[2].getCycleCount());
            //if(test>0){
            coordinatePriorityStrategy(source);
            for(int i = 0; i<signalPlanStorage.length; i++){
```

```java
                        PublishPriorityCyclePlan ppcp = new PublishPriorityCyclePlan
            (signalPlanStorage[i], beginTimeCoordianted[i],vC[i].getCycleCount(),vC[i]);
                        ppcp.start();
                }
            } else if (data instanceof IsolatedBusData) {
                System.out
                        .println(" IsolatedBusData received ＃ ＃ ＃ ＃
BusPriorityStrategy");
                isolatedPriorityStrategy(data);
            }
    }


    private void initSignalPlanStorage() {
            // TODO Auto-generated method stub
            for (int i = 0; i < signalPlanStorage.length; i++) {
                Vector totVector = new Vector();
                totVector.add(LoadBusConfig.getInstance().getStageVector(
                        ((Intersection) intersectionVector.get(i))
                                .getIntersectionID()));
                signalPlanStorage[i].addStorageSignalPlan(totVector);
                signalPlanStorage[i]
                        .setControllerID(((Intersection) intersectionVector.
get(i))
                                .getIntersectionID());

            }
        }
        private void coordinatePriorityStrategy(Object data) {
```

附录 A 信号优先控制优化模块(主程序)

```java
// TODO Auto-generated method stub
System.out.println(" come here");
int interDelayRange = 100;
int totalDelayRange = 100;
int objDelay = 20;
CoordinateBusData coBusData = (CoordinateBusData) data;
BusEvaluationData beD = new BusEvaluationData();
beD.setBusID(coBusData.getBusVehicleID());
beD.setBusRouteID(coBusData.getBusRouteID());
beD.setBusCapacity(100);
beD.setDoorNum(3);
beD.setPassagerVolume((int)(50 + Math.random() * 10));
initBusBackGreen(vC, coBusData.getBusDirection());//利用 vC 初始化 BusBackGreen
//计算 busBackDelay,并返回最新的 signalPlanStorageNew
double totalBusBackDelay = caculationBusBackDelay(vC, coBusData);
beD.setOriginalDelay((float)totalBusBackDelay);
beD.setOriginalHeadway((int)(standardHeadway + totalBusBackDelay-rememberBusDelay));
beD.setOriginalTravelTime   ((int)  (standardTravelTime + totalBusBackDelay));
beD.setScheduleDeviation((int)(totalBusBackDelay-objDelay));
rememberBusDelay = totalBusBackDelay;
StageAdjustConstrian[] stageAdjustConstrian = stageConstrian(coBusData,
                vC, signalPlanStorage);
coOptK = (int[]) K.clone();
coArrivalCycleNum = (int[]) arrivalCycleNum.clone();
```

```
//System.out.println(" coArrivalCycleNum  " + coArrivalCycleNum[1]);
double busPermittedDelay = caculationBusPermitedDelay(coBusData); //标准延误值
//（应根据交通状态调解并与调度系统统一）
System.out.println("objDelay =   " + objDelay
        + " busBackDelay " + totalBusBackDelay);
// 时刻表(容许延误与预测延误差值)判断完毕
boolean selectKey = coordinatePGR(totalBusBackDelay, objDelay);
if (selectKey) {
    priorityStrategyDelay = 1000000; //返回值为优先控制下的总延误
    //                ＊＊返回值 delay 用于迭代递归设计＊＊
    double delay = coordinateDelayOPT(coBusData, 0, stageAdjustConstrian,
            interDelayRange, totalDelayRange, objDelay, totalBusBackDelay);
    System.out.println("Optimization Bus Delay " + priorityStrategyDelay);
    beD.setPriorityDelay((float)priorityStrategyDelay);
    beD.setPriorityHeadway((int)(standardHeadway + priorityStrategyDelay-
        rememberPriorityBusDelay));
    beD.setPriorityTravelTime ((int) (standardTravelTime +
        priorityStrategyDelay));
    rememberPriorityBusDelay = priorityStrategyDelay;
    printPriorityStatus(objVector);
    for(int i = 0; i＜intersectionVector.size(); i++){
        arrivalCycleNum[i] = ((PriorityStatusData)objVector.get(i)).getIncludeCycleNum();
    }
    for (int i = 0; i ＜ intersectionVector.size(); i++) {
        Intersection intersection = (Intersection) intersectionVector.get(i);
```

附录A 信号优先控制优化模块(主程序)

```
            Vector stageVector = new Vector();
            if (coBusData.getBusDirection().equals("UP")) {
                    stageVector = (Vector) signalPlanStorage[i]
                            .getStorageSignalPlan().get(arrivalCycleNum[i]);
            }
            if (coBusData.getBusDirection().equals("DOWN")) {
                intersection = (Intersection) intersectionVector
                            .get(intersectionVector.size() - 1 - i);
                stageVector = (Vector) signalPlanStorage[intersectionVector
                            .size()
                            - 1 - i].getStorageSignalPlan().get(
                            arrivalCycleNum[i]);
            }
            for (int j = 0; j < objVector.size(); j++) {
                    PriorityStatusData psd = (PriorityStatusData) objVector
                            .get(j);
                    if (psd.getControllerID().equals(
                            intersection.getIntersectionID())&&Math.
abs(priorityStrategyDelay - objDelay) < Math.abs(totalBusBackDelay -
objDelay)) {
arriageSignalPlan(coBusData,stageVector,psd,intersection.getIntersectionID(),
vC[0].getCycleLength());
                    }
                }
            }

            printSignalPlanStorage(signalPlanStorage);
```

```
        } else {
            //coordinateIncreasDelayStrategy(coBusData,stageAdjustConstrian,40);
            System.out.println(" * * * * * * * Do Not Need Priority * * * * * * * ");
        }

        EventManager.getInstance().publishEvent("BusEvaluationData",this,beD);
```

附录 B　CCBP 交叉口群协调优化模块（主程序）

```
/*
 * @author Wanjing Ma
 * Created on 2006-06-01
 * TODO To change the template for this generated file go to
 * Window - Preferences - Java - Code Style - Code Templates
 */

//调用递归函数,oordinateDelayOPT 输出最佳策略
    //延误计算递归函数
    //int totalInterNum = intersectionVector.size();
    Vector objVector = new Vector();
    int[] delayIterator = new int[intersectionVector.size() + 2];
    double totalDelay = 0;
    double[] delay = new double[intersectionVector.size()];
    PriorityStatusData[] psdData = new PriorityStatusData[intersectionVector
            .size()];
    double priorityStrategyDelay = 1000000;
```

```java
private double coordinateDelayOPT(CoordinateBusData coBusData,
            int interNum, StageAdjustConstrian[] stageAdjustConstrian,
            double interDelayRange, double totalDelayRange,double
objDelay,double totalBusBackDelay
            ){
        //System.out.println("interNum " + interNum + " intersectionVector.size()
        // " + intersectionVector.size());
        //if(interNum<intersectionVector.size()-1){
        Intersection intersection =(Intersection) intersectionVector
                    .get(interNum);
        Vector stageVector = new Vector();
        if (coBusData.getBusDirection().equals("UP")) {
            stageVector =(Vector) signalPlanStorage[interNum]
                    .getStorageSignalPlan ( ). get ( arrivalCycleNum
[interNum]);
        }
        if (coBusData.getBusDirection().equals("DOWN")) {
            intersection =(Intersection) intersectionVector
                    .get(intersectionVector.size() - 1 - interNum);
            stageVector = (Vector) signalPlanStorage[intersectionVector.size()
                    - 1 - interNum].getStorageSignalPlan().get(
                    arrivalCycleNum[interNum]);
        }
        String controllerID = intersection.getIntersectionID();
        StageAdjustConstrian[] stAConstrian = getOneInterStageConstrian(
                    controllerID, stageAdjustConstrian);
```

附录 B　CCBP 交叉口群协调优化模块(主程序)

```
if (interNum = = intersectionVector.size() - 1) {
    psdData[interNum] = new PriorityStatusData();
    psdData [ interNum ]. setControllerID ( intersection.
getIntersectionID());
    delayIterator[interNum] = (int) interDelayRange;
    delay[interNum] = interForCoDelayOPT(coOptK[interNum], coBusData,
        interNum, controllerID, stAConstrian, stageVector,
        interDelayRange, psdData[interNum]);
    //System.out.println("coK " + " " + (interNum) + " " + coOptK
[interNum] + " k
    // " + K[interNum]);
    totalDelay = totalDelay + delay[interNum];
    return delay[interNum];
} else {
    //totalDelay = 0;

    for (delayIterator[interNum] = 1; delayIterator[interNum] <
interDelayRange; delayIterator[interNum] = delayIterator[interNum] + 10) {

        psdData[interNum] = new PriorityStatusData();
        psdData[interNum].setControllerID(intersection
            .getIntersectionID());
        delay[interNum] = interForCoDelayOPT(coOptK[interNum],
            coBusData, interNum, controllerID, stAConstrian,
            stageVector, delayIterator[interNum],
            psdData[interNum]);
        coOptK[interNum + 1] = (int) (K[interNum + 1]
            - busBackDelay[interNum] + delay[interNum]);
```

```
                //System.out.println("coK " + " " + (interNum + 1) + "
                // " + coOptK[interNum + 1] + " k " + K[interNum + 1]);

                if (coOptK[interNum + 1] < 0) {
                    coOptK[interNum + 1] = stageAdjustConstrian[0]
                            .getCycleLength()
                            + coOptK[interNum + 1];

                    coArrivalCycleNum[interNum + 1] = arrivalCycleNum
[interNum + 1] - 1;
                }
                interDelayRange = interDelayRange - delayIterator
[interNum];
                totalDelay = delay[interNum]
                        + coordinateDelayOPT(coBusData, interNum + 1,
                                stageAdjustConstrian,
interDelayRange,
                                totalDelayRange, objDelay,
totalBusBackDelay);
                if (interNum ! = 0) {
                    interDelayRange = totalDelayRange - delayIterator
[interNum - 1];
                } else {
                    interDelayRange = totalDelayRange;
                }
                double ttd = 0;
                for (int i = 0; i < delay.length; i++) {
                    // System.out.println("delay " + i + " " + delay[i]);
```

附录B CCBP交叉口群协调优化模块(主程序)

```
            // System.out.println(" psdData " + i + "
            // " + psdData[i].getControllerID() + " busDelay
            // " + psdData[i].getCoOptBusDelay());
            ttd = ttd + delay[i];
        }


        if (Math.abs(ttd - objDelay) < Math.abs
(priorityStrategyDelay
                        - objDelay)) {
            priorityStrategyDelay = ttd;
            objVector.clear();


            for ( int k = 0; k < psdData.length; k++) {
                //System.out.println("psd " + psdData[k]);


                psdData[k].setIncludeCycleNum
(coArrivalCycleNum[k]);
                copyPriorityStatusData(psdData[k],
objVector);
            }
        }
    }
        return totalDelay;
    }
}
 private void copyPriorityStatusData(PriorityStatusData psd, Vector toVector){


    PriorityStatusData psdNew = new PriorityStatusData();
```

```
        psdNew.setArrivalCycle(psd.getArrivalCycle());
        psdNew.setControllerID(psd.getControllerID());
        psdNew.setCoOptBusDelay(psd.getCoOptBusDelay());
        psdNew.setPriorityPhase(psd.getPriorityPhase());
        psdNew.setStartTime(psd.getStartTime());
        psdNew.setStrategyType(psd.getStrategyType());
        psdNew.setPriorityTime(psd.getPriorityTime());
        psdNew.setIncludeCycleNum(psd.getIncludeCycleNum());
        toVector.add(psdNew);
    }
```

附录 C　交叉口优先策略优化模块
　　　　（主程序）

```
/*
 * @author Wanjing Ma
 * Created on 2006 - 07 - 12
 * TODO To change the template for this generated file go to
 * Window - Preferences - Java - Code Style - Code Templates
 */
//对于一个交叉口判断合适的优先控制策略,计算交叉口延误 并输出与 adjustDelay
  最接近的优先控制方案
    private double interForCoDelayOPT(int tempK, CoordinateBusData coBusData,
            int interNum, String controllerID,
            StageAdjustConstrian[] stAConstrian, Vector stageVector,
            double adjustDelay, PriorityStatusData psdInter) {
        double[] busDelay = new double[intersectionVector.size()];
        busDelay = (double[]) busBackDelay.clone();
        int stageNum = getArrivalStage(tempK, stageVector, interNum);
        String strategyType = " unreceived ";
        String[] insertStageID = new String[intersectionVector.size()];//在该
```

相位之后插入公交相位

```java
Stage st0 = (Stage) stageVector.get(0);
boolean insertPriorityFlag = false;

for (int i = 0; i < stageVector.size(); i++) {
    Stage st = (Stage) stageVector.get(i);
    String priorityStatus = st.getPriorityStatus();
    if (priorityStatus != null
            && (priorityStatus.equals("InsertBefore") ||
                priorityStatus.equals("InsertAfter")))
        insertPriorityFlag = true;
}
int delayIn1 = ((Stage) (stageVector.get(1))).getStageLength()
        + ((Stage) (stageVector.get(1))).getStageOn() - tempK;
if (tempK < ((Stage) (stageVector.get(0))).getStageLength()) {
    strategyType = "No need";
    busDelay[interNum] = 0;
    psdInter.setStrategyType(strategyType);
    psdInter.setPriorityPhase(0);
    psdInter.setCoOptBusDelay(busDelay[interNum]);
    psdInter.setArrivalCycle(arrivalCycleNum[interNum] + 1);
    psdInter.setPriorityTime(0);
} else if (tempK < ((Stage) (stageVector.get(0))).getStageLength()
        + extensionPhaseLength
        && (adjustDelay - delayIn1) > adjustDelay) {
    strategyType = "Extension";
    psdInter.setStrategyType(strategyType);
```

附录C 交叉口优先策略优化模块(主程序)

```
                psdInter.setPriorityPhase(0);
    extensionTime[interNum] = tempK;
                busDelay[interNum] = 0;
                psdInter.setCoOptBusDelay(busDelay[interNum]);

                psdInter.setStartTime(extensionTime[interNum]);
                psdInter.setArrivalCycle(arrivalCycleNum[interNum] + 1);
                psdInter.setPriorityTime(extensionPhaseLength);
                //插入相位及压缩相位时的绿灯时长优化和目标延误计算 选择最佳
插入点(相位前 相位后)
            } else {
                int[] virPhaseTimeAfter = new int[stageVector.size()];//假定下
一相位不动,插入相位时刻
                int[] virDelayAfter = new int[stageVector.size()];//插入相位后
的公交延误
                //插入本相位之后
                for (int ss = 1; ss < stageVector.size(); ss++) {
                    if (ss < stageVector.size() - 1) {
                        if (insertPriorityFlag == true) {
                            virDelayAfter[ss] = forbidInsertFlag;
                        } else {
                            virPhaseTimeAfter[ss] = ((Stage)
(stageVector
                                    .get(ss + 1))).getStageOn()
                                    - getGreenInterval(controllerID,
0, ss + 1)
                                    - insertPhaseLength;
                            virDelayAfter[ss] = virPhaseTimeAfter[ss] -
```

```
                tempK;
                                    if (virDelayAfter[ss] > - insertPhaseLength
                                        && virDelayAfter[ss] < 0)
                                        virDelayAfter[ss] = 0;
                                }

                            } else {
                                virPhaseTimeAfter[ss] = stAConstrian[0].
    getCycleLength()
                                    - truncationPhaseLength;//将来可通过*
    *PhaseLength
                                //的变化,改变virPhaseTIme[ss]来实现策略的变化
                                virDelayAfter[ss] = virPhaseTimeAfter[ss] - tempK;
                                if (virDelayAfter[ss] > - truncationPhaseLength
                                        && virDelayAfter[ss] < 0)
                                        virDelayAfter[ss] = 0;
                            }
                        }
                        double compare = 10000;
                        int rememberPhase = 0;
                        for (int ss = 1; ss < stageVector.size(); ss++) {
                            if (virDelayAfter[ss] > 0) {
                                double de = Math.abs(virDelayAfter[ss] -
    adjustDelay);
                                if (de < compare) {
                                    compare = de;
                                    rememberPhase = ss;
                                }
```

附录C 交叉口优先策略优化模块(主程序)

```
            }
        }
        int[] virPhaseTimeBefore = new int[stageVector.size()];//在本相位前段插入
        int[] virDelayBefore = new int[stageVector.size()];//在本相位前段插入延误
        int rememberBefor = 0;
        if (stageVector.size() > 2) {
            for (int ss = 2; ss < stageVector.size(); ss++) {
                virPhaseTimeBefore[ss] = ((Stage)(stageVector.get(ss)))
                        .getStageOn()
                        - getGreenInterval(controllerID, ss - 1, ss)
                        + getGreenInterval(controllerID, ss - 1, 0);
                virDelayBefore[ss] = virPhaseTimeBefore[ss] - tempK;
                if (virDelayBefore[ss] > - insertPhaseLength
                        && virDelayBefore[ss] < 0)
                    virDelayBefore[ss] = 0;
            }
            double compareB = 10000;
            int rememberPhaseB = 0;
            for (int ss = 2; ss < stageVector.size(); ss++) {
                if (virDelayBefore[ss] > 0) {
                    double de = Math.abs(virDelayBefore[ss] - adjustDelay);
```

```
                if (de < compareB) {
                    compareB = de;
                    rememberPhaseB = ss;
                }
            }


        }
        rememberBefor = rememberPhaseB;
    }


    if (insertPriorityFlag = = false
            && Math. abs ( virDelayAfter [ rememberPhase ] -
adjustDelay) > Math
                    . abs ( virDelayBefore [ rememberBefor ] -
adjustDelay)
                    && stageVector. size() > 2 && rememberBefor > 0) {
        strategyType = "InsertBefore";
        Stage st = (Stage) stageVector. get(rememberBefor);
        psdInter. setStrategyType(strategyType);
        psdInter. setPriorityPhase(rememberBefor);
        insertTime[interNum] = virPhaseTimeBefore[rememberBefor];
        busDelay[interNum] = virDelayBefore[rememberBefor];
        psdInter. setCoOptBusDelay(busDelay[interNum]);
        psdInter. setStartTime(insertTime[interNum]);
        psdInter. setArrivalCycle(arrivalCycleNum[interNum] + 1);
        psdInter. setPriorityTime(insertPhaseLength);
    } else {
        if (rememberPhase = = stageVector. size() - 1) {
```

附录 C 交叉口优先策略优化模块(主程序)

```
                strategyType = "Truncation";
                Stage st = (Stage) stageVector.get(rememberPhase);
                psdInter.setStrategyType(strategyType);
                psdInter.setPriorityPhase(rememberPhase);
                truncationTime[interNum] = virPhaseTimeAfter
[rememberPhase];
                busDelay[interNum] = virDelayAfter[rememberPhase];
                psdInter.setCoOptBusDelay(busDelay[interNum]);
                psdInter.setStartTime(truncationTime[interNum]);
                psdInter.setArrivalCycle(arrivalCycleNum[interNum]
+ 1);
                psdInter.setPriorityTime(truncationPhaseLength);
            } else if (insertPriorityFlag = = false && rememberPhase
> 0){
                strategyType = "InsertAfter";
                //  ((Stage)
                // stageVector.get(rememberPhase)).
  setPriorityStatus(strategyType);
                insertTime[interNum] = virPhaseTimeAfter
[rememberPhase];
                busDelay[interNum] = virDelayAfter[rememberPhase];
                psdInter.setStrategyType(strategyType);
                psdInter.setPriorityPhase(rememberPhase);
                psdInter.setCoOptBusDelay(busDelay[interNum]);
                psdInter.setStartTime(insertTime[interNum]);
                psdInter.setArrivalCycle(arrivalCycleNum[interNum]
+ 1);
                psdInter.setPriorityTime(insertPhaseLength);
```

```
                }
            }
        }
        if (((Stage)(stageVector.get(0))).getMinStageGreen() < tempK&
&tempK<stAConstrian[0].getCycleLength()){
            double h = stAConstrian[0].getCycleLength() - tempK;
            if(Math.abs(h-adjustDelay)<Math.abs(0-adjustDelay)){
                strategyType = "ShortBusGreenFromEnd";
                busDelay[interNum] =  stAConstrian[0].getCycleLength() - tempK;
                psdInter.setStrategyType(strategyType);
                psdInter.setPriorityPhase(0);
                psdInter.setCoOptBusDelay(busDelay[interNum]);
                psdInter.setArrivalCycle(arrivalCycleNum[interNum] + 1);
                psdInter.setPriorityTime( - ((Stage)(stageVector.get(0))).getStageLength() + tempK);
            }
        }
        int tolast = ((Stage)(stageVector.get(stageVector.size() - 1))).getMinStageGreen() + ((Stage)(stageVector.get(stageVector.size() - 1))).getStageOn();
        int aa = stAConstrian[0].getCycleLength()-tempK;
        if ((tolast < tempK& &Math.abs(aa - adjustDelay) < Math.abs(aa + truncationBusGreen-adjustDelay))||(tempK<truncationBusGreen&&Math.abs(0-adjustDelay)>Math.abs(truncationBusGreen-tempK-adjustDelay))){
            strategyType = "ShortBusGreenFromHead";
            busDelay[interNum] =  stAConstrian[0].getCycleLength() - tempK;
```

附录 C　交叉口优先策略优化模块(主程序)

```
            psdInter.setStrategyType(strategyType);
            psdInter.setPriorityPhase(0);
            psdInter.setCoOptBusDelay(busDelay[interNum]);
            psdInter.setArrivalCycle(arrivalCycleNum[interNum] + 1);
            psdInter.setPriorityTime((int) - busDelay[interNum]);
        }
        return busDelay[interNum];
    }
```

参考文献

[1] Lioyd Wright, Tranning Course: Mass transit. Eschborn, 2004: 2-5.

[2] http://jjckb.xinhuanet.com/www/Article/25299-1.shtml.

[3] Christopher Dickerson Hunter, Guidelines for the successful implementation of transit signal priority on arterials. Ph. D. Thesis, University of Washington, 2000.

[4] Meenakshy Vasudevan. Robust Optimization Model for Bus Priority under Arterial Progression. Ph. D. Thesis, University of Maryland, 2005.

[5] Abkowitz, M. Transit Service Reliability (NTIS No. UMTA/MA-06-0049-78-1). Cambridge, MA: USDOT Transportation Systems Center and Multisystems, Inc. 1978.

[6] ITS America. An Overview of Transity Signal Priority, 2004.

[7] 杨丽娟,牛玲.公交优先是城市公共交通的战略方针[J].城市公共交通,2001(3):19-20.

[8] Janice Daniel, Edward Lieberman, Raghavan Srinivasan. Assess Impacts and Benefits of Traffic Signal Priority for Busses (FHWA-NJ-2004-013). 2004.

[9] Transit Cooperative Research Program, Improved Traffic Signal Priority for Transit, TCRP PROJECT A-16, Transportation Research Board National Research Council, 1998.

[10] Yagar, S. Efficient Transit Priority at Intersections. In Transportation Research Record 1390, TRB, National Research Council, Washington, DC, 1993: 10-15.

[11] Yagar, S. and B. Han A Procedure for Real-Time Signal Control that Considers. Transit Interference. In Transportation Research, 28B(4), 1994, pp. 315-331.

[12] Sunkari S R, Beasley P S, Urbanik T, and Fambro D B. "Model to Evaluate the Impacts of Bus Priority on Signalized Intersections," Transportation Research Record No. 1494, 1995, pp. 117-123.

[13] Alexander Skabardonis. Control Strategies for Transit Priority, TRB, National Research Council, Washington. DC, 2000.

[14] Ludwick J S. Bus Priority System: Simulation and Analysis, Final Report, The MitreCorporation. Prepared for the U. S. Department of Transportation, Report No. UTMAVA-06-0026-1, 1976.

[15] Elias, Wilbur J. The Greenback Experiment-Signal Pre-emption for Express Buses: A Demonstration Project. Califormia Department of Transportation, Sacramento, Report DMT-014, 1976.

[16] Vincent R A, Cooper B R, and Wood K. Bus-Actuated Signal Control at Isolated Intersections-Simulation Studies of Bus Priority. Transport and Road Research Laboratory Report 814, Crowthorne, U. K., 1978.

[17] Richardson A J, and Ogden K W. Evaluation of active bus-priority signals. In Transportation Research Record 718, TRB, National Research Council, Washington, DC, 1979, pp. 5-12.

[18] Jacobson J, and Sheffi Y. Analytical model of traffic delays under bus signal preemption: theory and application. In Transportation Research, 15B(2), 1981, pp. 127-138.

[19] Radwan and Hurley. A Macroscopic Traffic Delay Model of Bus Signal Preemption," paper presented at the 61st Annual Meeting of the Transportation Research Board, Washington, D. C., 1982.

[20] Roark, John J. Synthesis of Transit Practice-Enforcement of Priority Treatment for Buses on Urban Streets. National Cooperative Transit Research & Development Program. TRB, Natioal Research Council, Washington D. C. 1982.

[21] Benevelli, David A, Essam Radwan A, and Jamie W. Hurley, Jr. Evaluation of a Bus Preemption Strategy by Use of Computer Simulation. TRB, Transportation Rrsearch Record 906, 1983, pp. 60 - 67.

[22] Smith, Mark. Evaluation of Control Strategies For Bus Preemption of Traffic Signals-Final Report. New Jersy Department of Transportation. In Cooperation With Federal Highway Administration, U. S. Department of Transportation. March 1985.

[23] Casey et al., Advanced Public Transportation Systems: The State of the Art, U. S. Department of Transportation Urban Mass Transportation Administration, Component of Departmental IVHS Initiative, Apr. 1991.

[24] Khasnabis S, Reddy G V, Chaudry B B. Signal preemption as a priority treatment tool for transit demand management. Navigation & Information Systems Conference Proceedings Part 2,1991.

[25] 谭永朝.混合交通条件下的公交优先模式[D].同济大学.1998.

[26] Jianping Wu and Nick Hounsell, Bus priority using pre-signals, Transportation Research Part A 32, 1998, 563 - 583.

[27] 邵俊,杨晓光,史春华.部分锯齿形公共汽车专用进口道优先控制信号设计方法研究[J],同济大学学报,2000.

[28] 邵俊,公共汽车交通专用道(路)系统设计与评价方法研究[D].同济大学,2000.2.

[29] 杨晓光,林瑜,杭明升.信号控制交叉口公共汽车优先信号确定方法研究[J].中国公路学报,2001(12):101 - 104.

[30] 杨晓光,周光伟,杭明升,等.公交优先技术方法[J].城市交通,2002:1 - 4.

[31] 关伟,申金升,葛芳.公交优先的信号控制策略研究[J].系统工程学报,2001,16

(3):176-180.

[32] 阴炳成.公交专用道信号优先控制方法研究[D].同济大学,2003.

[33] 杨晓光,阴炳成.先进的公共汽车交通专用道系统研究[C].北京快速公交系统发展战略研讨会论文集,2003.

[34] 范文毅.公交优先模型的建立和计算机仿真分析[J].上海交通大学学报,2000(9):61-64.

[35] 葛亮.信号控制交叉口配时优化技术研究[D].东南大学,2003.

[36] 季彦婕,邓卫.交叉口预信号公交优先方案及效益评价[J].华中科技大学学报(城市科学版),2003(1):83-84,96.

[37] 张卫华.城市公共交通优先通行技术及评价方法研究[D].东南大学,2003.

[38] 季彦婕,邓卫,王炜,张卫华.基于公交优先通行的交叉口相位设计方法研究[J].公路交通科技,2004:118-122.

[39] 黄艳君.城市公共交通路段优先通行技术及评价方法研究[D].东南大学,2003.

[40] 郁海鹰.城市化与快速公共交通的相互关系研究[D].东南大学,2003.

[41] 王炜等.城市公共交通系统规划方法与管理技术[M].北京:北京科学出版社,2002.

[42] 李书.先进的公共交通系统(APTS)实现方案[D].西南交通大学,2003.

[43] 张南.公交优先通行系统研究[D].西南交通大学,2003.

[44] 杨兆生,刘红红.城市公共交通优先的信号控制策略[J].公路交通科技,2004:121-124.

[45] Gang-len Chang, Meenakshy Vasudevan, and Chih-Chiang Su. Bus-Preemption under Adaptive Signal Control Environments. Transportation Research Board Confence Preprints, Paper No 950155, Washington, D. C., U. S. A, January 1995.

[46] Guey-Shii Lin, Ping Liang, Paul Schonfeld, Robert Larson. Adaptive Control of Transit Operations (MD-26-7002). 1995.

[47] Alexander Skabardonis. Control Strategies for Transit Priority (UCB-ITS-PRR-98-2), 1998.

[48] Furth P G and Muller T H J). TRAFCOD: A Method for Stream-Based Control of Actuated Traffic Signals. Presented at the 78th Annual Meeting of the Transportation Research Board. 1999.

[49] Furth P G and Muller T H J (2000). Conditional Bus Priority at Signalized Intersections: Better Service Quality with Less Traffic Disruption. Transportation Research Record 1731, pp. 23-30.

[50] Meenakshy Vasudevan, Gang-Len Chang. Design Framework for Intergrating Real-Time Bus Priority Control with Robust Arterial Signal Progression. TRB, National Research Council, Washington, D.C. 2001.

[51] Kevin N. Balke, Conrad L. Dudek, Thomas URbanik II, Development and Evaluation of An Intelligent Bus Priority Concept, TRB, National Research Council, Washington, D.C. January 2000.

[52] Gene M. McHale, An Assessment Methodology for Emergency Vehicle Traffic Signal Priority Systems. Virginia Polytechnic Institute and State University, 2002.

[53] Gene M. McHale, and John Collura, Improving Emergency Vehicle Traffic Signal Priority System Assessment Methodologies, TRB, National Research Council, Washington, D.C. January 2003.

[54] Chada, Shireen and Newland, Robert. Effectiveness of Bus Signal Priority (NCTR-416-04), 2002.

[55] Hongchao Liu, Alexander Skabardonis, and Wei-bin Zhang, A Dynamic Model for Adaptive Bus Signal Priority, TRB, CD-ROM, National Research Council, Washington, D.C. January 2003.

[56] Yann Wadjas, Peter G. Furth. Transit Signal Priority Along an Arterial Using Advanced Detection. TRB, National Research Council, Washington, DC, 2003.

[57] Kenny Ling. Transit Headway Control Through Conditional Signal Pirority: A Micro-Simulation Based Approach Using Reinforcement Learing. PhD. Thesis. University of Toroto. 2003.

[58] Jon Obenberger, P E and John Collura, Transition Strategies to Exit Preemption Control: State-of-the-Practice Assessment, TRB, National Research Council, Washington, D. C. January 7–11, 2001.

[59] Bhuwan Bhaskar Agrawal, S. Travis Waller, and Athanasios Ziliaskopoulos, Modeling Approach for Transit Signal Preemption, TRR 1791, 2002: 13–20.

[60] François Dion, and Bruce Hellinga, A Methodology for Obtaining Signal Coordination within A Distributed Real-Time Network Signal Control System with Transit Priority, Transportation Research Board 80th Annual Meeting Washington, D. C. January 7–11, 2001.

[61] François Dion, Rakha H. Integration of Transit Signal Priority With in Adaptive Traffic Signal Control Systems. 84th Annual Meeting of the Transportation Research Board, Washington, D. C. , January, 2005.

[62] François Dion, Review of Transit Priority Projects and Practice, Virginia Tech Center for Transportation Research, February 1999.

[63] Mark Conrad, François Dion, Sam Yagar, Real-time Traffic Signal Optimization With Transit Priority: Recent Advances in the SPPORT Model, Transportation Research Board, 1998.

[64] Kiel Ova, Ayman Smadi, Evaluation of Transit Signal Priority Strategies for Small-Medium Cities, 2001.

[65] Tien-Pen Hsu, Hsun-Jung Cho, and Yuh-Ting Wu, Modeling and Evaluation of Bus Preemption Signal Control on Bus Lane with Near-side Bus Stop, Transportation Research Board, Washington, D. C. January 2003.

[66] Teng Qi, Falcocchio, Kim, Patel and Athanailos, Simulation Testing of Adaptive Control, Bus Priority and Emergency Vehicle Preemption in New York City, Transportation Research Board, Washington, D. C. January 2003.

[67] Davis P, Hill C, Emmott N, and Siviter J. Assessment of Advanced Techaonlogies for Transit and Rideshare Applications. Final Report, NCTRP Project 60-1A. Prepared for National Cooperative Transit Research and

Development, Transportation Research Board National Research Council. Washington D. C, July1991.

[68] Gartner N H, Tarnoff P J, and Andrews C M (1990). "Evaluation of Optimized Policies for Adaptive Control Strategy." In Transportation Research Record 1324, Transportation Research Board, National Research Council, Washington D. C., U. S. A., pp. 105–114.

[69] Gartner N H, Stamatiadis C, and Tarnoff P J (1995). "Development of Advanced Traffic Signal Control Strategies for IVHS: A Multi-Level Design." Presented at the 74th Annual Meeting of the Transportation Research Board, Washington, D. C., USA.

[70] Robertson D I. "Research on the TRANSYT and SCOOT Method of Signal Coordination." In ITE Journal, January 1986, pp. 36–40.

[71] 全永燊. 城市交通控制[M]. 北京: 人民交通出版社, 1989.

[72] SCOOT Bus Priority Survey Results http://www.scoot-utc.com/results.htm.

[73] Yihua Zhang, An Evaluation of Transit Signal Priority and SCOOT Adaptive Signal Control, Virginia Polytechnic Institute and State University, Blacksburg Virginia, 2001.

[74] GARETH BOWEN et al, Effective Urban Traffic Management and Control — Recent Development in Scoot, Transportation Research Board, Washington, D. C. January 2003.

[75] Bretherton D. "SCOOT Current Developments: Version 3." Presented at the 75th Annual Meeting of the Transportation Research Board, Washington, D. C., USA, 1996.

[76] Kelman W L, Greenough J C and Quan B Y. "A Performance Report on the Metropolitan Toronto SCOOT System: An Advanced Traffic Adaptive Control System. Metropolitan Toronto Department of Transportation, Toronto, 1993.

[77] Cornwell P R, Luk J Y K, and Negus B J. Tram Priority in SCATS, Traffic Engineering and Control, November 1986: pp. 561–564.

[78] Lowrie P R. "The Sydney Coordinated Adaptive Traffic System — Principles, Methodology, Algorithms." Proceedings, International Conference on Road Traffic Signaling, Conference Publication No. 207, Institution of Electrical Engineers, London, United Kingdom, 1982: pp. 67-70.

[79] A Rule-Based Real-Time Traffic Responsive Signal Control System with Transit Priority: Application to an Isolated Intersection. Accepted for Publication in the Journal of Transportation Research — Part B. 1998.

[80] Han B and Yagar S. Real-Time Control of Traffic with Bus and Streetcar Interactions. Proceedings, 6th IEE International Conference on Road Traffic Monitoring and Control, Conference Publication No. 355, IEE, London, 1992, pp. 108-112.

[81] Dion F and Hellinga B. A Rule-Based Real-Time Traffic Responsive Signal Control System: Application to an Isolated Intersection. Accepted for publication in Transportation Research B. 1998.

[82] Dion F and Yagar S. Distributed Approach to Real-Time Control of Complex Signalized Networks. Transportation Research Record 1554, TRB, National Research Council, Washington D. C., 1996.

[83] Mirchandani P B, Knyazyan A, Head K L, and Wu W. "An Approach Towards the Integration of Bus Priority, Traffic Adaptive Signal Control, and Bus Information/Scheduling Systems," Computer-Aided Scheduling of Public Transport, (Springer-Verlag, Germany, 2001), 319-334.

[84] Mirchandani P B and Lucas D E. "Integrated Transit Priority and Rail/Emergency Preemption in Real-Time Traffic Adaptive Signal Control", Journal of Intelligent Transportation Systems, Vol. 8 Issue 2, p101-115, (April 2004).

[85] Mirchandani P B & Head K L. "A real-time traffic signal control system: Architecture, algorithms and analysis", Transportation Research Record Part C, 9, 415-432, (2001).

[86] Dell'Olmo P and Marchandani P (1995). "An Approach for Real-Time

Coordination of Traffic Flows on Network" Presented at the 74th Transportation Research Board Annual Meeting, Washington, D. C.

[87] Head K L, Mirchandani P B, and Sheppard D (1992). "Hierarchical Framework for Real-Time Traffic Control." In Transportation Research Record 1360, National Research Council, Washington, D. C., pp. 82 – 88.

[88] Head K L (1995). "An Event-Based Short-Term Traffic Flow Prediction Model." Presented at the 74th Transportation Research Board Annual Meeting, Washington, D. C.

[89] http://www.utopiasystems.net/contact/default.asp.

[90] HENRY J J, FARGES J L, TUFAL J. The PRODYN real time traffic algorithm. Proc. of the IFAC Symposium, Baden-Baden. 1983.

[91] Henry J J and Farges J L. "PRODYN." Proceedings, 6th IFOC/IFIP/IFORS Symposium on Control Computers, Communications in Transportation, Paris, September 1989, pp. 253 – 255. 1989.

[92] MACGOWAN J, FULLERTON I J. Development and Testing of Advanced Control Strategies in the Urban Traffic Control System. Public Roads, Vol. 43 (Nos. 2,3,4), 1980.

[93] Johnson, R Opticom priority control system Traffic technology international. 1995. Kay J L, et all "Evaluation of First Generation (UTCS/BPS) Control Strategy," Vol. 1 Technical Report, FHWA-RD-75-27, Final Report, February 1975.

[94] MacGowan J, Fullerton I J. "Development and testing of advanced control strategies in the urban traffic control system,". Public. Roads,. 43(3), 97 – 105, 1979.

[95] Woods D L, and Rowan N J. Detector Location for Computerized Arterial Street Sampling Detectors. Report FHWA/TX – 95/1392 – 6. Texas Transportation Institute, College Station, Texas, 1995.

[96] 张奎良. "以人为本"的哲学意义[J]. 哲学研究, 2004(5): 11 – 16.

[97] 杨自厚. 自动控制原理[M]. 北京：冶金工业出版社出版，1987.

[98] 阴炳成. 面向专用道的公交优先设计与控制方法[D]. 同济大学. 2003.

[99] 杭明升. 城市道路交叉口群实时自适应控制若干理论与方法研究[D]. 同济大学. 2001.

[100] 杨佩昆，张树升. 交通管理与控制[M]. 北京：人民交通出版社，1995.

[101] Highway Capacity Manual. TRB, National Reaserch Council, WashiingTon, D. C., 2000.

[102] Bus Rapid Transit Volume 2: Implementation Guidelines. Transportation Research Board, Washington D. C., 2003, pp 98 – 103.

[103] Harrlet R. Smith, Brendon Hemily, and Miomir Ivanovic. Transit Signal Priority（TSP）: A planning and Implementation Handbook. ITS Amarica, 2005.

[104] Joseph E. Hummer, Robert E. Montgomery, and Kumares C. Sinha. Guidelines for Use of Leading and Lagging Left-Turn Signal Phasing. In Transportation Research Record1324, TRB, National Research Council, Washington D. C., 1991. 2.

[105] PTV Planung Transport Verkehr AG. Vissim User Manual V4. 1[EB/OL]. Germany, 2005.

[106] Ji X. Probabilistic Analysis of Signalized Intersection Delay and Level of Service, Ph. D. Dissertation of the University of Hawaii at Manoa, 2006.

[107] Ji X. Uncertainty Analysis of HCM Signalized Intersection Delay Using Fuzzy Set Theory. Proceedings of ITE District 6 Annual Meeting, Kalispell, MT, July 2005.

[108] 岳超源，蒋艳. 方案排序对权重比例变化的敏感性分析[J]. 华中科技大学学报（自然科学版），2002.

[109] Hunt P B, et al., "SCOOT, a traffic responsive method of coordinating signals," Transport and Road Research Laboratory, TRRL laboratory report 1014, 1981.

[110] John Durkin1,蔡竞峰,蔡自兴. 决策树技术及其当前研究方向[J]. 控制工程. 2005,12(1): 15-19.

[111] 朱应庄,吴耿锋. 一种两阶段决策树建树方法及其应用[J]. 计算机工程,2004(30-1): 82-84.

[112] 滕靖. 面向公交换乘枢纽的公共汽车协调调度理论与方法[D]. 同济大学,2005.

[113] James G Strathman, Thomas J Kimpel. Headway Deviation Effects on Bus Passenger Loads: Analysis of Tri-Met's archived AVL-APC Data, Final Technical Report, TNW2003-01, Center for Urban Studies College of Urban and Public Affairs Portland State University, January, 2003. pp9-20.

[114] James G Strathman, Thomas J Kimpel, Kenneth J Dueker. Bus Transit Operations Control: Review and an Experiment Involving Tri-Met's Automated Bus Dispatching System. Portland, 2001.

[115] Yuqing Ding, Steven I Chien. Improving transit service quality and headway regularity with real-time control. TRB, National Research Council, Washington D.C., 2001.

[116] Jaime Gibson, Irene Baeza, Bus-stops, Congestion and Congested Bus-stops, Traffic Engineering and Control June, 1989: pp.291-296.

[117] 沈峰,杨晓光,袁长亮,马万经. 基于混合时间Petri网的公交优先仿真模型. 公共交通与城市发展研究及实践. 2006. pp448-454.

[118] 汪琳,乐晓波. 基于petri网的动态建模技术研究[J]. 计算机与自动化. 2004,23(2).

[119] Daganzo C F. The cell transmission model, Part 2: Network traffic [J]. Transportation Research,1995 29(B): 79-93.